一切的矛盾、对错、好坏

在庄子的世界里都不重要，

"应帝王"正反而言亦是。

就如您在这本书的封面和封底看到的一样。

所以，您在小梁的笔记里看到的

一切矛盾、对错、好坏也是自然的了。

梁冬私房笔记

梁冬 说庄子

梁 冬 ◎ 著

应帝王

SPM 南方出版传媒 广东人民出版社
·广州·

做自己的投资人

管理好自己比管理好天下更重要

表面上看,《应帝王》的确是庄子在讲如何管理好天下这样一个问题。但对于当今绝大部分现代人来说,是没有机会去管理天下的,自然也无法成为一方之主。那么,读《应帝王》对我们来说,意味着什么?

其实,当我们在讨论以上问题的时候,视角是从内往外的。我们忘记了还有一个更大的系统——我们每个人这辈子必须去管理自己和投资自己的学问。

投资是一门奇妙的艺术。有位叫查理·芒格的投资家，我很喜欢他的一本叫作《穷查理宝典》的书。他说过一句话——你要成为一位好的投资者，就要问一个问题，"你是不是配得上"。

很多人都说："如果当年我买了腾讯的股票就好了……"我也买过，但为什么我没通过腾讯的股票挣很多钱呢？因为我犹豫过，卖过一次，又重新买回来了。还有很多人早年在北京投资了房产，但中途以两千多块钱一平方米的价格卖掉了。这说明什么？并不是这些人不知道腾讯的股票、北京的房子好，而是不知道它们足够好。

所以，**如果你把视角放在如何投资自己，让自己成为更优秀的人，拥有更伟大的人生时，你要学会"配得上"。**

其实做父母也是一样，很多时候，我们希望自己的孩子变得特别优秀，但很少问问自己是否配当优秀孩子的父母。

现在做什么才能配得上未来更好的自己

说到投资，**大部分投资的问题都不是判断的问题，而是自身境界的问题**。我建议，当我们作为现代人在读《应帝王》时，应该好好问问自己，如果想在不久后成为牛人，成为不让自己后悔的人，现在要做什么才能配得上未来的自己？

在我们身边，这样的例子比比皆是，很多女青年抱怨老公对她不够好，可是她从来不问自己配不配得上她心目当中的好男人；反过来，很多男人也这样，总是指责自己的另外一半不够温柔，对他不够崇拜，可是他从来不会问自己是否值得这样的崇拜。

所以，在某种程度上来说，《应帝王》最终讲的还是一个道理——**如果我们要投资，最重要的一定是投资自己**。

投资自己的核心秘诀是什么呢？让自己成为那个值得的人。这个值得往往是从最微小的某一个愿景开始的。也许你到了四五十岁的时候才终于慢慢接近自己梦想的样子，但很可能就是最开始的种子结的果。

我们都知道爱因斯坦名满天下，其实他在二十五岁的时候已经是一位很优秀的人了，只不过到他五六十岁、六七十岁的时候大家才了解了他——满头白发，不修边幅地活在自己世界里面的爱因斯坦。

所以，把自己的人生变成自己当主人的人生，这件事情的背后其实就是，我们能不能在最开始的时候有一个内在的志向和愿望——我要成为什么样的人。

人生最大的悲剧是梦想太清晰、太明确

我们要成为一个什么样的人，又该如何管理自己呢？小时候得有志向，要很具体地、清晰地描述出自己应该成为什么样的人。但是当这种愿望很强烈的时候，它才可能达到自己梦想的结果。

就像有一天我问我的儿子："你的人生理想是什么？"他说："最大的理想就是天天喝可乐、吃鸡腿。"于是我在他八岁生日那天带他去吃鸡翅，他吃了一盘鸡

翅之后说："没吃够。"于是我又给他点了一盘，他赶紧说："这几只鸡翅都是我的。"

从理论上来说，我们不应该纵容孩子的自私，但是孩子的天性是这样。因此，我做了一个实验，就随便他吃。

当他吃到第十五只鸡翅的时候，突然打了一个很满足的饱嗝，然后很诚恳地对我说："你能帮我吃两只吗？"

我举这个例子想说的是：我们小时候立的某些伟大的志向，可能就是吃鸡腿、吃鸡翅、喝可乐……，但是对于一生来说，还是有局限的。

所以，《应帝王》在开篇的时候讲了一则故事——啮缺问王倪："我该怎么办，到底世界是什么样，世界的本体是什么？"王倪"四问而四不知"——问什么都不回答。为什么王倪不回答？就是怕一个确定的答案限制了对方的想象力。

是的，你只能说我要成为超级伟大的人，成为为世界作贡献的人，但是你不能说我具体要成为什么样的人——我要成为科长、局长，还是成为百万富翁、千万富翁，还是成为科学家……

我小的时候就犯过这样的错误，我觉得这辈子要成为千万富翁，这太了不起了。但后来才发现，一千万要在北京三环内买一套体面的房子都还要好好想想。

很多时候，你会突然发现这个世界的膨胀和变化远远超于你当下想象的那样一个愿景，所以我们最大的问题很可能就是发愿发得太早、太明确、太清晰。

比如，我小时候还梦想过自己要成为一位可以装修很多套房子的人，后来在开诊所的时候果然是一间一间地指导装修。在 2015 年、2016 年，无数个深夜，我在上海或者杭州机场乘飞机奔波，就是要到当地看看正安医馆房子装修的进展。

所以，**许愿要小心，管理人生最大的悲剧是没有梦想，比这个悲剧更大的，最最大的悲剧是梦想太清晰、太明确——它限制了你的想象力。**

我年轻的时候还经历过一件特别真实的事情，当时我在北京广播学院（已更名为中国传媒大学）读书，坐着小巴从梆子井到郎家园，那是一段大概二十多公里的路程，小巴很挤，为了多运几个人，司机在一辆十五人的小巴里生生放了二十五个座位进去。有一次我挤上了一辆车，前面本来是没有座位的，硬加了一排座位，是面对面坐的。有一位挺漂亮的姑娘，就跟我脸对脸地差不多贴着坐在拥挤的小巴里，当时我俩都不好意思，我就努力地往外看，女孩就往里看，要不然我们两个人得鼻子贴鼻子。

当时，我看着外面的风景，清晰地闻到她身上大宝雪花膏的味道。一路颠沛流离奔向市区的时候，我在想，我以后能够直瞪瞪地、毫不愧疚地看一个女孩，而且还能够挣钱，那多好！

后来到了凤凰卫视之后，前两三年我主持选美，天天盯着女孩看，看得自己都觉得没意思了。有一天，我又看见某电视台在播一场选美节目，当时心生悲凉。

接着我又想，如果当年我发愿搞套房子，现在我可能是房地产开发商；如果搞互联网的话，说不定现在已经是一位 IT 大老。但说这些有什么用呢？因为当时我发的愿就是这个样子的。

还有，大多做父母的给小孩子描绘的都是自己已经三四十岁，而且不承认自己的人生充满了局限和苟且的情况下，咬咬牙所树立的一个目标。事实上，大多数小孩子从小立下的志向也无非是在动画片和他的小朋友的群里面聊天的时候所感受到的世界。

所以，**过早为自己树立一个清晰的梦想是非常危险的**。这就是啮缺问王倪的时候，王倪作为过来人的体会，他很小心谨慎地避免了告诉啮缺一个清晰的答案。

在生命的旅途上，我越来越觉得，方向要有，但是目标不要太清楚，尤其是在初期的时候，你只需要有一个好的性格，有一个大致为众人创造价值，也让自己过得幸福的愿望，仅此而已。

至于再过三年、五年、十年、二十年……，你的目标变成什么都是不一定的。稻盛和夫说他们公司做预算和规划的时候，只做三个月和终生的，没有年度预算——三个月规划就是解决当下的问题，然后就是终极问题。

终极问题就是要向宇宙的真理致敬，这叫致良知。

为什么我们要读经典？也许就是让我们知道一个道理——在这个世界上，已经有无数最聪明的人，早就知道了无论你走哪条路，最终都是要向宇宙的真理致敬。而真理具体是什么，它在每个阶段呈现出来的风景和样貌是完全不同的。

所以说，不被自己开始的那个自以为清晰的梦想所绑架，是一件多么重要的事。

人生的自在莫过于"不将不迎"
——不迎接未来，不留恋过去

在某种程度上来说，《应帝王》讲的是真正的帝王应该拥有的一种自信。

问题永远都会有，矛盾永远都在，但是，当你拥有了某种"这件事情只能朝这个方向走，必须朝这个方向走"的信念，那在这个过程中不管发生什么变化，你都能欣然接受，这时，你就会感受到庄子讲的"不将不迎"——不迎接未来，不留恋过去的自在。

为什么我们可以不迎接未来？因为未来始终都是一个方向。实际上，在做一件事情的时候会让我们痛苦的并不是这件事本身，而是担心是否符合目标，是否跟我们做事之前立下的规则冲突、相悖。

当我们为一件事情纠结的时候，其实就忘了当下这件事情本身。说话的时候把字吐清楚；谈恋爱的时候享受牵手的过程；喝酒的时候体会酒在自己的口腔里面徐徐化开，和唾液混合之后伴随着你的万千菌群进入身体的每一个毛孔……。好像这是一件矛盾的事情，怎么能够没有目标，怎么能够不尊重过去呢？但它恰好是庄子在《应帝王》里想跟我们讲述的事情。

也许我们错误理解了"势不两立"这个词，好像必须"要不然就是这条道路，要不然就是那条道路"，但其实世界本是一个浑然的全然体，它很可能没有二分法，它就是不两立的。

你有没有过去？你有没有清晰的未来？我想，只要你的内心里面有一个大致的方向，你就会一直往前走。投资也是一样，就像巴菲特跟他的妻子说，我死了之后你就不要炒股了，你就买基金。因为世界上的货币总会超发，质数基金总是选择当时股票市场上最优秀的企业，而最优秀的企业已经是经过无数投资人、客户、管理层，还有时代的种种背景映照之下所筛选出来的公司，你只要能跟这家最优秀的公司共同成长就好了。

从大时间上来说，你了解一只股票这个月、这一年的价格，那么，它是否能达到你的心理点位又有什么好着急的呢？很多人说："当年我就买过茅台的股票，五块钱的时候买过，一百块钱买过，二百块钱买过，后来三百、四百忍不住卖了。"

其实，你只要相信茅台的价值不仅仅在生产茅台的人那里，也在每一位喝茅台的人的口腔里，而且每个口腔里面还有万千无量菌群就行了。你只要相信这件事情一直在，你就拿着股票就好了，每三年或者每十年看一次，你会发现对这只股票的管理是特别轻松的，是让你舒服的，而所有的轻松都来自于你刻意的不干预，刻意的不清晰。

曾经在一场发布会上，我问杨澜姐是否愿意回到十八岁，她的答案是不愿意。她说就算现在让她回到十八岁，自己也未必能够一路走到今天这个状态，因为她今天的状态是很多因缘和合的产物。

我们怎么知道这个地球将变成什么样，人工智能将会如何深刻地影响每一个人的状态……，这都不是我们现在站在这个角度能够评判得了的。

大部分人都不敢想象自己的儿女回家跟自己说"我是同性恋"，或者说"我不喜欢男孩子"、"我不喜欢女孩子"。其实，可能未来这个问题就不存在了，可能再过三十年，许多人根本不是靠婚姻把孩子生出来的，而是自己在中午吃饭的档口，去7-11领一个小盒子，在里面存上自己的唾液，用京东或者顺丰快递寄到某家公司，过两天就会培养出一个人。

因此，现在讨论婚姻有意义吗？讨论爱男的还是爱女的有意义吗？那个时候男的也爱，女的也爱，自己也爱，自己也不爱。甚至会有一种广泛的美德——只爱一种人是狭隘的。

有可能是这样的，但是这只代表我作为现在有局限性的人的世界观和看法，我无法用自身的局限性去为我的孩子，甚至为我自己的未来框定一种可能。

总的来说，《应帝王》讲的就是这样一种宏大的世界观——不匆忙地局限于自己对过往的界定，对未来的展望，对当下的描述。

过去不真实，现在不真实，未来也不真实

一生中，我们会在有时候刻意忘记，或是有意无意地忘记做某件事最开始的原因，然后把它归为某种宏大理想下的必然产物。但当我们安静下来，花点儿时间细细追想当时的情形，发现其实不是这回事。

有些时候这个误会强大到你自己都相信了，然后自己刻意地忘记了这些。所以，**过去并不是你想成的那样，未来也不是你想成的那样，现在也不是你想成的那样**。

在骄傲中撒谎，在撒谎中骄傲。人生就是这么一个过程，它其实是一系列误会，过去不真实，现在不真

实，未来也不真实。就好比我和你面前放着两瓶茅台，然后你说："这一瓶好喝。"我告诉你："它的年份久一点儿。"如果你觉得另一瓶好喝，我也会告诉你："它的年份久一点儿。"其实到底哪一瓶年份更久我根本不知道。

所以，你会发现那些得道的人不是欲言又止就是得意忘言——要不然就是语塞，要不然就是"四问而四不知"。为什么会这样呢？因为他发现拥有极其复杂的系统才是事情的常态，而我们那些自以为是的了解，是一切事情得以顺利运行的最重量级障碍。

当我们开始有这种隐隐约约的感悟之后，是否要放弃一些什么呢？是不是要放弃对自己的描述，放弃对当下的判断，放弃对未来的展望呢？还是不要——好像又矛盾了。不，那只是一个游戏，就像我告诉你，你喜欢的那瓶茅台是年份久一点儿的，你会觉得愉快一点儿，你的愉快会回馈于我，我也会愉快一点儿，这有什么不可以呢？

我知道这是假的，但这并不代表我没用真感情对你，因为我已经把我最好的茅台拿给你了——两瓶都是很好的茅台，都不是白瓷瓶的，而是深褐色陶瓷瓶的（深褐色陶瓷瓶的茅台和一般白瓷瓶的茅台是不一样的，其年代更久远）。所以话说回来，即便我们知道世界是一片空灵，即便我们知道我们的身体在微观层面上，或者更宏观的层面上就是一团血肉模糊，我们有些时候还是会用一种像对待小朋友的方式来告诉自己活在某种确定性当中，来用一些好和不好的趣味来喂养自己长期以来形成的习性。

不较真地去对待自己的每一个过去、现在和未来

我采访过很多得道自在者，他们也不是天天活在《庄子》里面的，他们也跟你谈钱，也会跟你谈今年的小目标、明年的大愿望，但是他们在说的时候没有那么当真——他们只是觉得很真，但自己并不当真。或者当这件事情发生变化的时候，他们会瞬间想起当时自己不当真的状况。

当事情不如意的时候没有那么悲观；当事情好像按照自己的想法、自己跟别人说的那样发展的时候也没有

那么乐观。

在《应帝王》这本书里面，真正成为自己主人的核心秘密居然是不较真地去对待自己的每一个过去、现在和未来。甚至对于是不是存在一个所谓真实的自己，都抱有那么一点儿的不以为意。

因为我们在不同的时段和频率里面，都可以看到不同的自我：我们在喝酒时的自我，我们在读书（读《庄子》）时的自我，我们在做生意时的自我，我们在买股票时的自我……，都是完全不同的自我。所以，所谓有一个真正的"我"，很可能是一个给自己的玩笑、给他人的交代，仅此而已。

《应帝王》说的就是不被过去、现在、未来裹挟的那一种超然物外的超级管理者的核心心法。而无论用这种心法去管理外在还是内在的世界，甚至打破外在和内在的界限，让自己内外无碍、十方融圆、心物一元……，都是一样的。

所以，"无善无恶心之体，有善有恶意之动，知善知恶是良知，为善去恶是格物"。我觉得王阳明和庄子一点儿都不违和，因为世界本来就是无善无恶、无好无坏的，但是有些时候要在说上、做上有所区别而已。

其实，每一个人都应该成为自己的帝王（帝和王是两回事，因此，"帝王"不是我们从宫廷剧中看到的"皇上"这一概念。"帝"指的是原本，得到原本的真义的人。所以，每个人都应该了解自己最开始的"帝"——最开始的源头。那个东西其实是无善无恶、无好无坏、无始无终的）。

这仅仅是梁同学的私房笔记，必有各种不究竟，恳请斧正。

梁冬（太安）

2018戊戌年秋于自在喜舍

立帝王。

目录

沉默是人类很伟大的权利，是在你最糟糕的时候都不能够被剥夺的权利，而我们大部分人从来都不会使用这项权利。

第一章

做自己的主人

啮缺问于王倪,四问而四不知。啮缺因跃而大喜,行以告蒲衣子。蒲衣子曰:『而乃今知之乎?有虞氏不及泰氏。有虞氏其犹藏仁以要人,亦得人矣,而未始出于非人。泰氏其卧徐徐,其觉于于。一以己为马,一以己为牛。其知情信,其德甚真,而未始入于非人。』

和谁都一样近，和谁都一样远

读《应帝王》，会让人产生一种奇妙的感觉——当今世上，你我皆不宜有资格论帝王。但是，对于小梁来说，讨论应该如何做帝王这件事情，肯定会让人产生一种疑惑。

不过转念一想，如果你自己就是一个国家，你应该跟什么样的其他独立国家——别的人结为同盟，或者你可以发展所谓的不结盟运动——和谁都一样近，和谁都一样远。如果我们这样想的话，读《应帝王》倒是十分有趣的。

啮缺和王倪这两个人物之前在《齐物论》里面都有

提到。据说，啮缺是上古时期的贤人，是尧的老师的老师（在《大宗师》里，尧的老师是许由，许由的老师是啮缺），而啮缺的老师是王倪——有时候，我甚至怀疑啮缺、王倪这些名字都只是比喻。

话说，啮缺去问王倪四个问题，王倪都回答"I don't know（我不知道）"，啮缺"跃而大喜"——跳起来，高兴得不得了，"行以告蒲衣子"。蒲衣子（也被称为披衣子）是谁呢？成玄英（隋末唐初道士）曾经在《庄子疏》中说，蒲衣子是尧时期的一位贤人，他八岁的时候，舜就拜他为师，当时尧想让位给他，他不接受。

蒲衣子回来告诉啮缺："而乃今知之乎？有虞氏不及泰氏（"有虞氏"指的是舜，"泰氏"指的是伏羲）。有虞氏其犹藏仁以要人，亦得人矣，而未始出于非人。"这段话的意思是，舜这个人啊，心怀仁义，虽然口头上不说仁义，但他仍然觉得"我对你是好的，我是爱你的"——用一种默默的心理暗示来笼络人心，从而获得拥戴。不过，他仍然没脱离出人为的物我两分的困境。

而"泰氏其卧徐徐，其觉于于"是什么意思？说的是伏羲氏睡觉的时候显得很舒缓（"徐徐"，指舒缓的样子，比如清风徐徐），有一种自在自得的样子——"于于"。于是，"一以己为马，一以己为牛"——任由别人认为他是一匹马，任由别人认为他是一头牛。这句话的意思其实是，无论你认为我是什么——视我为马、视我为牛都可以，反正我在心里全然接受这种状况。

南老（南怀瑾老师）曾经在《庄子諵譁》中说过："无我到什么程度呢？'一以己为马，一以己为牛'，你叫我是狗就是狗，你叫我是马就是马，你这个家伙蠢得像牛，好好，牛就牛吧！你这人笨得像狗一样，不错，狗就狗吧！没有关系。就是说，人没有这些名相，没有这些是非善恶的观念，没有差别。"

言一定要慎

"其知情信，其德甚真"说的是，他的才思真实无伪，他的德行纯真可信。所以，这个内在的"我"是一个牛 × 的人——装得跟你没区别，与你"和光同尘"。其实，一想到我要与你"和光同尘"，已然物我两分。

如果有人问你问题，一旦你回答了，已然陷入一种角色和场景中。不管用什么方法定义自己，你已经落入一种对自我角色的判定当中。

我曾经在节目里和大家分享过一个故事，一个人去见道长，五日而返。旁人问道长："此人何如？"道长沉默了一会儿，徐徐摇头。又过半年，好事者又去问道长："请问当年让你摇头的那个人怎么不靠谱了？"道长写下几个字："才来四天，说话五句，其气漏矣。"

虽然这个故事稍微有点儿夸张——在现在这个年代，这个故事多少有点儿《庄子》的艺术感觉。但是这个故事也的确说明了一些东西，如果你能做到不那么匆忙地回答，其实是能够反映出你对自己的态度的。

这一章的标题叫"做自己的主人"——不谈帝王之事，只谈自己之事。

所以，如果有人问你问题，你可以很认真地用眼神回应他——你可能很难用沉默回应他，但你可以慢慢地回答他。而那些实在回答不了的问题，以沉默来回应可能更好一些。

沉默是人类很伟大的权利，是在你最糟糕的时候都不能够被剥夺的权利，而我们大部分人从来都不会使用这项权利。比如，我第一次听到这项权利，就是在 TVB 的电视剧里面："你有权保持沉默，但你所说的每一句话都会成为呈堂证供。"

　　你怎么知道我们所有人在最后的时候没有这样一个法庭？你怎么知道你说的话不会成为那个时候的呈堂证供？所以，言要慎。这是王倪给啮缺最重要的开示——行不言之教。

　　现在，你可以对自己保持沉默，无论你对自己有任何要求、任何幻想，保持沉默，把自己沉入深深的意识之海里。

衡量一个人是不是真幸福，就看他能不能睡好觉

关于"每个人都是自己的主人"这个问题，我认为，它是《应帝王》的基础。

活在世上，大家都不容易，能做自己的主人就很不错了。

"泰氏（伏羲氏）其卧徐徐，其觉于于。"——他睡觉的时候，呼吸缓慢、深长匀缓。一口气慢慢地吸到脚底，呼出来的时候也没有山呼海啸的感觉。

现在，很多人睡不好觉，本质上就是因为身体里面的杂质太多，这些杂质与体液混合，合而为痰，再加上被一些鼻腔里的其他杂质堵住而形成呼吸暂停综合征，所以一睡觉就弄得地动山摇的。

有时候，公司开会或者旅行团出行，两位室友共处一室，如果一个人"其卧不徐徐"，这对于另外一个人来说，简直是人间地狱，恨不得冲上去拿被子把他捂死。但是，伏羲氏就能够做到"其卧徐徐"，这说明这个人不仅心里面安静，而且身体干净。

人之所以打鼾，就是因为口腔里有许多像痰一样的黏液。看过人的头盖骨就知道，其实人的头盖骨上，除了眼睛、鼻子、耳朵、嘴的洞以外，还有很多空腔，这些空腔是我们说话的根源。很多人在年轻的时候鼻涕没擤干净，形成了一种很硬很厚的东西附着在里面，时间长了，就风干了，只留下些许空隙，因此人们觉得自己的呼吸也没有受影响。我们以前说："这人'脑子进痰了'。"原来真的是有道理的。

可以想象，任何一座城市的地下管道上面都粘着很多这样的东西。所以，英国、日本等国家不允许往下水道里倒油垢，因为如果把油垢倒下去的话，它会和灰尘、垃圾粘在一起，经过长年累月的聚集，就形成了附着力很强的东西，基本很难铲除干净。

一个人能够"其卧徐徐"，就是指他身体里面的杂质没有那么多。正因为能够"其卧徐徐"，才能够"其觉于于"。"于"的意思是"这样的"。"于是"说的是因为这样，所以我承认了它就是这样，然后，我们再达到基于以上认识的共同认同。

（伏羲氏）"其卧徐徐，其觉于于"，这八个字，其实是一种无上妙意。**一个人内心坦荡，不觉得有何亏欠于人，不觉得有什么事情是需要达到而没有达到的，也不觉得有什么事情必须由自己出面解决，甚至也不担心自己受到某种暗害，不怕人在背后捅刀——为什么不怕？不是没有捅刀的人，而是因为这样的人本身就无形无相。**你拿着刀捅在空气之中，空气会受到什么样的伤害呢？你在空中舞剑，他不以为意；你在背后捅刀，也插不到他。所以，他才能够"其卧徐徐，其觉于于"。

其实，衡量一个人是不是真幸福，就看他能不能睡好觉。睡不好觉有一万个理由，睡好觉只有一个原因。反过来说也对，睡好觉有一万个理由，睡不好觉只有一个原因。睡不好觉的人总是在隐隐地为某件事情鸣不平。

我观察过，那些睡不好觉的男人，都隐隐地觉得自己有某件事情做得还不对、还不够好；那些睡不好觉的女人，都觉得自己做错了什么。

你之所以能够跪得下来，是因为你对他爱得深沉

不管你在外面是什么样的人物，回到家后，可爱的儿女对你说："爸爸，我要骑马。"你就得跪在地上，让他（她）骑在你的背上，拿根绳子勒着你的脖子，拍你的屁股。前些年我儿子还没有那么重的时候，我觉得让他骑在我的背上，真的是一件很愉快的事情。

为什么说"一以己为马，一以己为牛"是很有意思的境界呢？**你之所以能够跪得下来，是因为你对他爱得深沉。**

有时候，我在家里会趴在地上，像电影《冈仁波齐》里展现的一样，手拿两只木拖鞋，啪啪啪地磕长头。我叩头的时候，我儿子嗖的一下就趴在我的背上；我站起来的时候，他就拿手吊着我的脖子，竖着挂在我身上；我趴下去的时候，他就趴着——他小时候，我会让他的背对着我的腹部，我用自己胃部中脘的部分对着他的督脉，然后诵"观自在菩萨，行深般若波罗蜜多时，照见五蕴皆空……"，腹腔的共振就会和他的督脉连到一起去共振。也许之后这些曾经在他督脉上的共振会有点儿作用。

这是以前我最喜欢做的一件事情。我相信这件事情会成为我儿子此生最重要的回忆。一个人可以让孩子把自己当作牛和马，一个男人可以成为同事的牛和马，老婆的牛和马，当然你不能真的认为自己是牛、马。你一旦觉得自己是同事的牛、马，你的分别心就出来了。

我们讲过，伏羲氏"其知情信，其情甚真"，意思是说伏羲氏的才识真实无伪，德行纯真可信，从来不涉入物我两分的境界，从来没有进入过"我"和"不是我"的自我焦虑当中——"而未始入于非人"。

　　而像我们这些"精神分裂"的人，随时可以从"我"进入另一个"我"，很难理解伏羲氏那种浑然一体的感觉。可以说，伏羲氏从来没有陷入物和我、自己和另外一个自己的区别当中。

让人们不仅仅成为自己，而且要成为更好的自己，成为连想都不敢想，但其实很想成为的人。

第二章

让每个人都做最好的自己

肩吾见狂接舆。狂接舆曰：『日中始何以语女？』

肩吾曰：『告我，君人者以己出经式义度，人孰敢不听而化诸！』

狂接舆曰：『是欺德也。其于治天下也，犹涉海凿河，而使蚊负山也。夫圣人之治也，治外乎？正而后行，确乎能其事者而已矣。且鸟高飞以避矰弋之害，鼷鼠深穴乎神丘之下以避熏凿之患，而曾二虫之无知？』

给自己设立目标，
然后每天改变一点儿习惯

肩吾见到接舆（狂接舆）后，接舆问："日中始（肩吾的老师）跟你说了什么？"肩吾说："他告诉我，如果一个人要管理好一切的话，他应该凭借顽强的意志推行法度，去普及这个游戏规则。人们谁敢不听并且随之变化呢？"

把这句话应用到个人管理方面，就是说一个人应该给自己设立目标，然后每天改变自己的一些习惯。比如，你决定此生最少有一次体重要达到一百斤以下，但现在有一百三十多斤。于是你给自己定好规矩：白天尽量不喝可乐，晚上绝不吃主食，每个月最多吃一次火锅，最好吃的菠萝包、溜肥肠、粉蒸排骨、白切鸡、糯米鸡等都少吃一点儿。

总之，一个人要想减肥，得给自己立规矩，确定哪些事情不能干。立下规矩之后，你还得把它公之于众，让大家监督自己，并许诺如果做不到就怎么样。

我曾经和一位朋友打赌——谁先抽烟，谁就输一万元。后来，我还是输了。当把一万元的红包发到群里的时候，同学们都认为我疯了。当大家知道是因为这个原因之后，都认为应该用十万元来打赌，觉得用十万元来做不戒烟的惩罚，戒烟效果会立竿见影。

肩吾这样回答接舆——老师告诉他，一个人要给自己和别人定规矩，而且要把规矩立得狠一点儿，这样，谁能不遵从呢？接舆是方外之人，虽然他自己未必能够管理好一个国家，也未必能够管理好自己，但他有自己的世界观。

只听接舆说："这事儿不太靠谱吧。你这样做就像到海底开通河道——'涉海凿河'，就像让蚊子把山背走一样，听起来有一点儿荒诞。"

一件大家都能认同的事，
那就是对的事

"夫圣人之治也，治外乎？"这句话让我来说就是——一个人管理自己，需要外面的人帮忙吗？

"正而后行"，说的是一个人顺应一件事情本来应该有的样子，而后感化他人。实际上，所谓"正而后行"，就是找到天地之间大家都能接受的共同规则。《尚书》讲，一件大家都能认同的事，那就是对的事。如果你有一件想做的事，但别人都不认同，你可以稍微等等，等到大家都觉得应该这样做的时候再去推行，这叫"正"。

正而后行，确乎能其事者而已矣。

做正确的事，做大家都能够认同的事。然后，感化众人，听任人们所能做的罢了。也就是说，**你把一件事情做出来之后，对大家说应该这样做，让每个人都做更好的自己，这件事情就成了**。

让喜欢做匠人的人做匠人，让喜欢做女人的男人做女人，让喜欢做男人的女人做男人……，各自舒服即可。有些人就适合在家里待着剪剪片子，哪怕剪的片子再烂，或者剪完之后文件不知道存哪儿了，或者不小心删除了，你就让他自己再做一遍，他哭就哭，哭是对自己存在无力感的发泄。但是，这件事很快会过去，因为他就是做这件事情的人。

"确乎能其事者而已矣"，说的是，**让能做这件事情的人去做这件事情，各安其命、各从所愿，这件事情就可以了**。可能有人会想，不对啊，如果这样的话，有些人好吃懒做，无所事事，怎么办呢？你就让他这样在家里"啃老"吗？这的确是一件令人感到相当头痛的事情。

现在，很多人都有一种不想出来做事的冲动。拜时代所赐，如果你不是很作，要求也不是高，哪怕房间环境很差，但你把里面打扫得干干净净，把床单弄得整洁一点儿，每天只吃简单的饭菜，其实并不是太难。于是，很多人就说："你要是真的让我按照自己内在的想法做，那就让我天天宅在家里。"

这句话听起来好像很不积极，但是，古代的修行者不也是关在房间里吗？他们十天半个月也不出门。为什么他们把自己关在房间里不出来，就被称为"修行者"，而我们把自己关在房间里不出来就叫"啃老"，是对社会没贡献呢？只是换个角度而已。

再重复一次，做这件事情是不是你自愿的？我们现在是自愿的。很多人都说自愿宅在家里什么事情也不做，虽然没有创造社会价值，但起码没有给社会添乱，不偷不抢，只看三观正确的电视剧——你现在想看一部三观不正确的电视剧是不可能的。一个人可以在家里面，以无害的方式过着无用的生活，放在某个时代来看，我们说他是无害的话，也无可厚非吧。其实，闭目想想，你是不是也想过这样的生活？

据说，现在日本有很多年轻人过着一种低欲望、性冷淡的生活。家里装修的设计风格也是以性冷淡色调为主。基本上，日本是一个物质丰富的国家，而年轻人却整年在自己一间胶囊一样大的房间（可能总共不到五平方米的空间）里吃喝拉撒睡，还美其名曰"断舍离的清贫美学"。这是一种让他成为他自己的方法吗？

接舆认为，这就是对的。其实，小梁在读《庄子》的时候，一直有一个声音在告诉我，中国文化的核心就是：你可以这样看，但同时你也可以不这样看，因为都是对的。你可以说**让人们不仅仅成为自己，而且要成为更好的自己，成为连想都不敢想，但其实很想成为的人。**

这个世界上还有很多人，不愿意宅在家里，愿意出去闯荡世界，到远方去寻找诗。有几次，早上六点多钟，我在首都机场，发现还有那么多人在赶飞机，我就觉得这个民族大有前途。能在人类历史上长时间霸占GDP 第一，真是有原因的，因为这个民族除了有散淡的、不求上进的人以外，还有一群努力创造一切的人。

总之，我们对"确乎能其事者而已矣"这句话，存在两方面的解读：

　　一方面，如果你能够让每个人成为他本来想成为的样子，这个社会就好了，如果你能够让身体的每一个脏器，都在合适的时间做它应该做的事情，那么你的身体也就好了；另一方面，如果你能够让每个人都成为更好的自己，这个社会也就好了。

学会像小动物一样
避开生活中可能的危险

　　"且鸟高飞以避矰弋之害"，"弋"指带绳子的箭。古时候，人们怕把鸟射中之后，却不知道鸟掉到哪儿了，而且也怕箭射飞之后找不回来（以前，磨一支箭很不容易），所以就在箭的尾巴上再绑一根很细的绳子。如果正好射到一只鸟，你可以把那根绳子拉回来。这样，不仅鸟回来了，连那支箭也回来了。这句话是说："鸟啊，要飞得很高，高到比那条绳子更长的高度，就可以避开弋之害。"

　　"鼹鼠深穴乎神丘之下以避熏凿之患"，就是说鼹鼠把自己的洞挖得很深，深到你挖不到的地方，以避开被抓到的隐患。

这个故事告诉我们，如果你要强行怎么样的话，连鸟和小老鼠会都尽可能躲避祸患。"而曾二虫之无知"的意思是，而你居然连这两种小动物本能的适应环境也不了解吗？如果你把这句话作为对自己身体的管理，倒的确很合乎道理，比如你想减肥，非要扭曲自己（非要作），不吃健康好吃的食物，那么身体自然而然就会产生各种应激反应。直到有一天，当你的意志崩溃之后，就会报复性地吃。

如果连小动物都知道用它们的方式避开生活中的危险，再按自然的方式生存的话，你怎么知道你的大脑和肠胃，不会在避开这段时间的疯狂意志以后，有某个阶段进行报复性反弹呢？

冯学成老师曾经在《禅说庄子》中也提到过相应的观点："人有时候真的连小动物都不如，明明做不得的事情要做，干不得的事情要干，一时得意就觉得可以永远得意。我们学到这里，就一定要提高自己的警惕。"

　　我见过很多减肥的人，他们越减越肥的主要原因就是，每次减肥到崩溃以后，他们都用狂吃来报复之前没有吃到的食物。有一些去辟谷的人就是这样，本来辟了七天谷，就觉得自己已经很了不起了——在他心里设定的就是七天，因此虽然到第六天晚上还没有那么饿，但到第七天他就几乎崩溃了。如果你告诉他再加一天，他肯定会和你翻脸。

　　结束辟谷的人，都是先大吃一顿再说。有一年，我参加辟谷之后，马上就跑去吃火锅，痛风病立刻就犯了。那次的体会告诉我，如果不能够真正发自内心地想减肥，最终都很难成功。

　　如果你真的睡不着觉，那就站起来，站桩、看书——看你看不懂的《庄子》原文，而且不要顺着念，每个字都倒着念："知无之虫二曾而，患之凿熏避以下之丘神……"，只要倒着念五十个字，你就能睡着了，因为既专注又不懂的时候，是最容易睡着的时候。

立帝王。

天下可以很大，也可以很小。我们的身体就是一个天下，你从来没有意识到，当你健康的时候，身体是怎么运转的。

第三章

谁在成为谁的主人

天根游于殷阳，至蓼水之上，适遭无名人而问焉，曰：「请问为天下。」

无名人曰：「去！汝鄙人也，何问之不豫也！予方将与造物者为人，厌则又乘夫莽眇之鸟，以出六极之外，而游无何有之乡，以处圹埌之野。汝又何帠以治天下感予之心为？」

又复问，无名人曰：「汝游心于淡，合气于漠，顺物自然而无容私焉，而天下治矣。」

谁不是真正被"游"的东西控制着呢

这段文字讲到一位叫"天根"的人，庄子起这个名字就是为了表示探寻宇宙根本法则的意味。但是，他问谁问题呢？探寻这个问题的人提问的对象叫"无名人"，也就是"无名师"——天根问道于无名。如果天根是太极，那么无名应该是无极。

围绕天根的故事，书里展开了一段对话。"天根游于殷阳"，开头区区六个字已经描述了很多情景——天根的况味以及"游于殷阳"的深意。"游"字有一点儿无目的、无节奏的意味。"游"这种状态本身就充满了况味，想想看，谁不是真正被"游"的东西控制着呢？

　　我曾经跟华大基因的 CEO 尹烨老师聊天，他是一位生物学、天体物理学、人类历史学、哲学以及佛学专家。他说："**我们都被自己内在的菌群控制，或者很大程度上，两个本来没有什么关系的人，如果不小心接了一个长达几分钟的吻，那么，这两个人已经交换了不少信号菌群。**"

　　比如说，这个人喜欢吃辣椒，也许辣椒菌群就随着一口唾液游了过去，而那个人从来不怎么吃火锅，过了几天突然莫名其妙地想，为什么不去吃一吃麻辣火锅呢？他以为那是自己的心念一闪，其实是他内在的细菌使然。它们在你的身体里欢呼，它们在你的身体里提要求。**你以为你是自己的主人，你只不过是身体里菌群的仆人。所以，如何成为自己的主人，反过来看，也可以理解为，谁在成为谁的主人。这件事情本身就很值得讨论。**

如何在天下有所作为

　　我们继续讲这句话，天根就像细菌一样在宇宙之间漂浮。有一次，他游到了一个叫"殷阳"的地方——殷山之阳。中国很多地名都跟阴阳、东西有关。我们大概知道山东、山西、河南、河北、湖南、湖北等地名的由来，以及它们涉及哪座山、哪个湖。

　　总之，天根游晃到殷阳这个地方，走到蓼水岸边，正好碰见无名人，便问道："请问如何治理天下？"向无名人询问为天下之道，这很有况味。一个无业游民关心的居然不是如何治理国家，而是如何平衡巨大的复杂系统。基本上，他是站在联合国秘书长的维度思考问题的。天下可以很大，也可以很小。我们的身体就是一个天下，你从来没有意识到，当你健康的时候，身体是怎么运转的。

有一天，几个"晒娃狂魔"（特别喜欢晒孩子的家长），各自说着自己孩子的思想如何高级深刻。有一位家长说："我儿子问：'不是要求自己证悟吗？一切要靠自己吗？为什么还要寻找上师呢？'"结果，另外一位家长就说："我们家孩子问的问题更高级：'爸爸，请问我明明吃进去的是蔬菜、米饭还有肉肉，它们是怎么变成屁屁的？'"

如果我们知道它是怎么变成某种样子的，它就变不成了。大部分时候，当你还没有意识到它是如何变化的时候，它就已经变成了。所以，复杂的系统是指那些你可能根本不知道它是如何运转，而它却以自己的方式在运转的体系。小梁认为，这大概就是天下。用互联网公司的话来说，这就是"生态"。

总之，天根问无名，怎么样才能够"为"天下呢？此处的"为"，可以解释为治理，也可以解释为作为或成为。**如何在天下这样一个巨大的系统里面有所作为，或者如何成为一个好的天下？**很多人都说："这好像很矛盾，是不是只有一个解释？"不一定，读中国古书最大的乐趣在于不确定性。

如何让自己成为天下？这个问题本身也很有趣。但是，无名的回答比较符合禅宗思想，他说的是："去，去，一边儿去，你这个粗鄙的人，怎么会问我这些不靠谱的问题呢？我正准备和造物者郊游，如果我不爽的话，我正准备乘着像小鸟一样的气，不受各种宇宙维次的影响，到乌有之乡。你为什么要问我如何治理天下或者让自己成为天下这种傻问题呢？"

对这一段的解读，如果我们从字面上来看，只能看到无名人是一位脾气不太好、有点儿傲慢的小老头。但是，如果我们换个角度理解的话，又是另外一番况味：一个人正在进入禅定——"行深般若波罗蜜多时"，正在"照见五蕴皆空"，突然你跑过去，问："哈罗，有人吗？"你想一下，他会是什么反应？他只能说："去，我刚才正在颅内高潮，正在物我两忘，完全进入禅定的时候，你却来问我一个理性的问题——怎么治理天下？"

　　无名人后面讲的这一大段话，在我看来，基本上又是一个打坐到某个阶段的描述。难怪很多人都说，《庄子》本质上是一本修行之书。

能听出一根针落地声的人就是得道之人

什么叫"乘夫莽眇之鸟"？你可以把这件事情理解为，一个人正在打坐，他正在感受自己体内那股气像一群小鸟那样盘旋。

我第一次在香港的海边看见鹰的时候，就体会到了那种自在。一只鹰在维多利亚港的上空盘旋——阳光照在海面，海水受热，升腾出一股自下而上的气。尤其在下午的时候，你是看不见那股气的。但是，当一只鹰把翅膀展开滑翔的时候，你就看到气了。因为它是顺着气翱翔的，所以你就看到那股气抟扶摇而上，顺时针地打转。

如果你把自己胸腔内的感受投射为空气的话，你身体里升起的那股气正在顺着头顶的百会穴一直垂直往下，打到中道盘旋的时候，一些很精妙的人——修行者就可以感受到这股盘旋之气，这就是"乘夫莽眇之鸟"。

所谓"以出六极之外"，就是当你处在这种完全放空的状况时，是没有方位感的。你不知道自己现在是朝南还是朝北，你甚至不知道自己的心是朝里还是朝外，你没有感受，好像对一切都很敏感，又好像一切都不存在。

为什么对一切都很敏感呢？晏礼中在采访张至顺老道长的时候，问："什么是修行得道的人？"老道长说："**如果你在一个漆黑的房间里打坐，突然有一根针掉在了地上，你可以听得出这根针是针头还是针尖先掉在地上，并且知道它掉在了哪里。能做到这件事情的人就是得道之人。**"

如果你能够更加敏感的话，甚至可以在黑暗中站起来走过去，直接把那根针捡起来，这就是极敏感。但是，这种敏感同时又存在一种极混沌的状态，那就是你不知道自己在哪里，你甚至不觉得你在自己的身体里。可以说，这种体验本身是超级生物体验。

如果你认为《庄子》是一本文学著作，那么上面这段就是文学描述；如果你认为《庄子》是一本修行之书，那么上面这段就是"内证观察笔记"。

我这样解释之后，你就知道无名人说出"去，去，一边儿去"的时候，到底是多么不爽了。正在禅定，爽到飞起的时候却被人打扰，你会怎么样？你一定会说"去"，这已经是很有修养的表现了。

如果你正处在极度精神高潮体验的时候，被人打扰了怎么办

有意思的是，天根被骂完以后，是什么状态？对此，庄子没有任何描述，只用了三个字——"又复问"，就是说他既不兴奋，也不生气，也不抱歉，什么情绪都没有。他又问无名氏："请问为天下？"——请问怎么才能够搞掂天下呢？

读古书的况味就在这里。我们要是看翻译，就只看见"他又问了"。我曾经和老吴讲到，为什么在翻译机已经流行的现代，我们还要学习外语？因为有些东西就是翻译不出来。比如，什么叫"诗"？**诗就是文字翻译**

不出来的那部分，诗的况味就在其中。

那么，什么是英语？英语就是翻译成中文之后丢失的那部分。"Can I help you？"应该翻译为"我能帮你什么"还是"你需要什么"？表面上翻译出来都是一样的意思，实际上，是有差别的。"Can I help you？"是先说我，后说你；而"你需要什么？"是先说你，后说我。同样的意思，其中细微的区别就是人和人的区别，是好的产品经理和不好的产品经理的区别。

所以，《庄子》的况味就在于"又复问"，什么都没有，没有任何添加的内容。试想一下，当时，天根眺望远方，点燃了一根烟，经过思想斗争，仍然继续问——他不会这样，他什么都没有做。这就是两位高级之人的交流方式。

无名人说："汝游心于淡，合气于漠，顺物自然而无容私焉，而天下治矣。"在我展开讲这句话之前，大家可以先看一下《太上老君说常清静经》，因为这篇基本上是以这句话为基础而展开的。

　　如果你正处于极度精神高潮体验的时候，有人过来打扰你，记得最多说"去"。再多的话，就不必要了。如果你被人拒绝了，最多不露声色地再问一次，就有答案了。高手之间过招，多一字则太多，少一字则太少。

立帝王。

一切不自然的感觉，
是因为我们人类太把自己当人看，
而我们看到的其实只是地球上一个很短暂的片段。

第四章

不要太把自己当人看

天根游于殷阳，至蓼水之上，适遭无名人而问焉，曰：『请问为天下。』

无名人曰：『去！汝鄙人也，何问之不豫也！予方将与造物者为人，厌则又乘夫莽眇之鸟，以出六极之外，而游无何有之乡，以处圹埌之野。汝又何帠以治天下感予之心为？』

又复问，无名人曰：『汝游心于淡，合气于漠，顺物自然而无容私焉，而天下治矣。』

明白"顺物自然"之理，
足以活得很爽且不累

　　前一章讲了天根和无名人交流，无名人传授他的心法——"汝游心于淡，合气于漠，顺物自然而无容私焉，而天下治矣。"我们不说怎么管理天下这么宏大的命题，其实，只是参透"顺物自然"这四个字，足以让你活得很爽且不累。

　　好多朋友都跟我抱怨"为什么当年我没有拿住腾讯的股票，现在腾讯已经是一家市值将近三万亿港币的公司"；还有很多朋友曾经有机会买 Facebook 的股票却没有买，现如今，Facebook 的市值大概是五千亿美金，相当于三万多亿人民币。以前，大部分人都知道这两家公司是非常有价值的，但是，为什么大部分曾经买过这两家公司股票的人都没有拿住呢？

本质上，小梁认为就是因为这些人没有深刻理解"顺物自然"这四个字。一家公司在膨胀，当它大到一定程度时，却还在继续膨胀，你就拿不住了，因为你不相信它可以达到更高的程度——腾讯的股价在一百元的时候，大家都觉得已经那么贵了，怎么可能还会涨？

我们再举另外一家公司的例子，可能很多朋友不太熟悉茅台公司，它的股价都涨到接近五百元了，怎么可能还涨呢？其实，这是因为**我们没有见过大的东西，参照系太小，不相信东西可以有多大。**

想一想，世界上最好的白酒卖两千多元，而最好的红酒卖十万元，你觉得合理吗？当然，现在茅台频频表态一定不涨价，这是为了要稳定物价才不涨。但是，购买需求却一直存在。如果我们能够"让子弹飞一会儿"——让股价自己涨一涨，说不定你什么事情都不用做，获得的收益就超过了你能想到的一切。正如你曾经想过北京东三环以内或者建国门附近的房子，能涨到十五万元一平方米吗？

"顺物自然"就是，你一定要相信，世界自己会长成你想象不出来的那么大。

什么是"自然",什么是"不自然"

你见过猛犸象的模拟物吗?有一天,我去国家基因库,看到那里的"猛犸象"大概有六七米高,从技术上来说,因为现在已经有了猛犸象的基因库,我坚信人类在不远的将来,可能会找到合适的方式把它孕育出来,也许将来我们真的能够见到,比现在任何大象都要大好几倍的猛犸象。

如果放在更宏大的格局里来看,整个人类的历史发展到现在,自然而然地演化出了各种转基因技术。如果出于需求而生产出一头转基因大象,它长出了一百多颗象牙,那么象牙还那么值钱吗?

现在，很多人都说要保护野生动物，请不要再猎杀大象，很多明星都去做代言。这固然是一种解决办法，是一种对自然尊重的态度。但有可能还有另外一种对自然尊重的态度，就是自然已经演化出可以转基因的方法。假如你到荒野上看到一千多头大象，每头大象嘴里都长一百多颗象牙——那时候，人人都用象牙做筷子，人人都拿象牙做茶杯，甚至还有人把象牙磨成一根小棍，套上塑料头刷马桶⋯⋯，这是不是一种新的自然呢？

我讲的不是天方夜谭，而是我们应该从什么样的维度上来看"顺物自然"这个观念。

曾经，一位科学家帮助一对不能生育的夫妇做人工授精，然后再将其移植回子宫，最后生出孩子。当时，他因为"违反人伦"而受到普遍攻击。结果，三四十年之后，这位科学家得了诺贝尔奖。以前，你认为完全不自然的事情，现在好像也没有那么不自然了。

如果有一天，一位很聪明的人把一千名天生身材苗条、面容姣好的女孩的基因排序筛查出来——某段代码决定她身材好，皮肤也好——即使熬夜也没有黑眼圈。

这段代码如果被数字化，然后用区块链技术进行授权，并被普遍运用，那么三十年之后，如果没有经过基因的排列和筛查，就直接把孩子生出来，有可能被视为是不人道的——你把会得病的基因传给下一代，也是一种犯罪行为。

将来，也许一对夫妇在准备孕育孩子的时候，希望生个女儿，而且让她有前凸后翘的身材、怎么吃都不胖的体质、吹弹可破的皮肤，甚至永远熬夜也没有黑眼圈……，而这一段基因代码来自贡献出他们基因代码的"原装人"。他们把这一段代码的使用权买回来，装在自己女儿身上，这算不算自然呢？放在现在来看，你一定觉得很不自然。但是，如果放到三百年甚至未来去看的话，可能也不见得不自然。现在，一个人眼睛近视，戴着眼镜，你觉得挺帅。还有很多戴平光镜和镜框的人，你也没有觉得他们不自然。

什么叫自然？它是一种在不同历史时期的状态，看你是在什么维度以及多大的格局上看"自然"和"不自然"。

所谓自然，一定有着更大的格局

为什么我专门讲"顺物自然"这四个字呢？我很想和大家分享一下我的心得——**所谓自然，一定要有更大的格局。**

尹烨老师说："你知道吗？如果不是由于恐龙灭绝，地球上是不会出现哺乳动物的。正是因为恐龙大规模灭绝，才出现了哺乳动物，也才出现了所谓的人类。恐龙在地球上生存了一亿数千万年，而有文明的这一拨人类在地球上也就生存了三百多万年。"

如果一万年前的饭盒现在被你拿到，那也是超级文物。用三百万年和一亿年相比，我们就能体会到人类并没有那么伟大。如果你拥有超级宏大的视野，可能三十年之后，经过基因筛查、基因剪切、基因排序等，再造一位相对更健康的人，才叫自然。

因为那是整个技术演化，是整个地球自转公转，是整个人类的需求，甚至是在整个地球的变化中自然涌现出来的相——不自然在新的时空里变成自然。所以，**我们在讨论"自然"这个话题的时候，千万不要被这些狭隘的时空观和人的立场所禁锢，不要把那些放在更大背景下的自然视为不自然。当你能够把所有不自然都当成自然来看的时候，就不存在不自然了。**

正是因为你的老婆足够凶狠，所以你在外面才足够勤奋。放在你自己小刹那间的不快乐来看，那是愤怒的，是有违人伦的，是不够尊重的；但是，放在更大的格局来看，可能地球上就需要像你这样奋斗的人。

反过来看也是这样，老公对你不够温柔，或者男朋友不够懂事，可能是一个让女人变成终极自由人的必经阶段。放在这个层面来看，你受到的不自然对待，恰好是在另外一个层面再自然不过的自然。

所以，自然的终极核心要义是超越对于不自然的不自然感，一切都是自然的。我一想到，再过三十年，一个人不经过基因编码就被生出来，居然成为一件不自然的事情时，就对自然有了一种全新的理解。

让我们自由地想象一下，一个真正自由的世界是什么样的。可能不用太久，许多人都不是生活在真实世界里的人了，他们只是偶尔到这个三维空间里来洗个澡、吃个饭，然后重新回到自己一两平方米的洞穴里面。

那个时候，甚至连 VR 眼镜都没有了，直接做成隐形眼镜内置到眼睛里面，甚至一颗药丸已经足以让你的颅内看到各种境况。都不用戴 VR 眼镜，通过改变你大脑的神经介质，让你看见本来没看见的东西，听见本来没听见的声音。

只有一个人看见了、听见了什么东西，我们可能会说他是精神病。如果大家都看见了、听见了，而且可以在虚拟世界进行交流，那些看不见、听不见的人，就变成了不自然的人，就是愚钝的人、野蛮人。就像《疯狂原始人》里展现的一样，那些人怎么长那个样子，他们怎么那样呢？他们拿一块巨大的石头顶着自己家的门，也不上锁，直接生吃鸡蛋⋯⋯

请允许我重复那句话，**所谓不自然，仅仅是你对于不自然的不自然感而已**。讲到自然、不自然的时候，我们可以换一些时空的观念。

比如，有可能在若干亿年前，地球上的含氧量很高，一只光是腿就有一米多长，身长七八米的蚊子飞来飞去。如果我们用转基因技术，恢复了当年蚊子的基因，重新在实验室里培养出一只长七八米，像一头大象那么粗壮的蚊子在天上飞，你会觉得很不自然。但是，你要是把这只蚊子放在几亿年前的地球上，它就再自然不过了，因为那个时候，别的蚊子比它还要大，它是一只受到鄙视的蚊子——如果是这样的话，还有什么自然或不自然呢？

一切不自然的感觉，是因为我们太把自己当人看，而我们看到的其实只是地球上一个很短暂的片段。如果我们拥有更宏大的视野，一只蚊子可以长几米的话，把蚊子腿切一块下来，切成片，拿竹签串起来烤着吃。一条蚊子腿儿能做成一桌酒席，可以一蚊八吃，椒盐、油炸、上汤、红烧、卤、清真、爆炒、凉拌。假如在那个时空里面，有这么大的蚊子，又有什么不自然的呢？

我终于明白，一个人要有宏大视野，就看你能不能站在比宇宙还大的视野，站在地球几十亿年的时空来看，这样，就没有什么东西不自然，这才是我们关于自然最有意思的理解。

要想以后淡得起，必须以前浓得够

有一篇文章，叫《太上老君说常清静经》，很有意思，里面讲："夫人神好清，而心扰之；人心好静，而欲牵之。常能遣其欲，而心自静，澄其心而神自清。"实际上，《太上老君说常清静经》对应的就是无名氏所说的："你的心要放空放淡，不要有太强的主观意识，然后让自己'合气于漠'。"

什么叫"合气于漠"呢？漠，就是漠然、冷漠，不是简简单单的不热心，而是一种"这个世界既与我相关又与我无关"的心态。**我们总是知道如何将自己不感兴趣的人或事放下，这固然重要；而对自己感兴趣、很以**

为然的东西，也能够保持冷漠，这才叫酷。

"酷"其实是一个挺高级的词，大家都爱钱你不爱，大家都爱美女（帅哥）你不爱……，这样就叫"漠"。漠的背后，其实是吃饱以后的淡然，就是已经体验过了，知道得到这些也不过尔尔。

基本上，"游心于淡，合气于漠"，是一个让自己"归于一"的修炼秘方。一个人要如何控制自己？控制自己最好的方法就是让自己不乱动。什么叫"让自己不乱动"呢？就是历经世事以后的沉默。

我有一位朋友，他的儿子喜欢吃沙县小吃，中午吃了拌面和扁肉，晚上又吃拌面和扁肉。然而，吃了一段时间之后，即便给他端来最好吃的沙县小吃，他都有一种拿不起筷子的感觉。这叫真正的淡、真正的漠——不是控制出来的，而是释放出来的。所以，"游心于淡，合气于漠"是有前提的。

你浓过吗？你热烈过吗？年轻的女同学，如果你愿意听小梁一句忠告——一定要去找那些年轻时候就爱过、放荡过的人，他们各种玩法都玩过，到三四十岁火气放完之后，就不那么乱了。而年轻时的"好男人"，年纪大了之后，给他一把火，他能把家里的老房子烧得咔嚓咔嚓的，瞬间天崩地裂。

我有一位对日本颇有研究的朋友，他说很多日本女青年婚后能够成为好太太的原因是：婚前她们已经把自己内心的"浓"——"邪火"释放得差不多了，所以有了婚姻以后，她们可以收敛成一派淡然的样子，如菊如兰。

有些人家里的孩子开慧比较早，五六岁的孩子，就口齿伶俐，已经可以聊挺多东西。看到这种情况，另一些家长就说："五六岁就这样锋芒毕露，长大以后怎么办？很讨人厌的嘛。"我说："有一些人哪，之所以长到四五十岁还跟人家讲修行体验，就是因为小时候没讲够。"

人生就是总量恒长，小时候让他讲过瘾以后，长大了让他讲他也不愿意讲了。你看见过哪些混到四五十岁的人，还在讲他五岁八岁就讲的东西？他一定是淡和漠的——"游心于淡，合气于漠"。

　　我想再和大家进一步讨论的是，这种年轻时的强烈绽放，转化为以后的真淡和真漠，也不是自然而然的。它是必要条件，但不是充分条件。也就是说，**你要以后淡得起，必须要以前浓得够。但只是浓得够还不够，还需要见过真淡之人，并且了解他曾经比你还浓，你自然而然就会收敛了。**

内心里不亏欠谁，
也不用让别人亏欠自己

　　不要和小时候生活太匮乏的人联系得太紧密，因为小时候生活太匮乏的人，长大以后会报复性地提高对此的要求。一些单位的领导，在外面耀武扬威或者很想得到认同，本质上是因为在家里得不到认同，欠这一口儿。其实，在家里对老公不尊重的女人是大菩萨，她们推动了一个男人向外扩张的动力，他们能够创造一番惊天伟业，都是拜老婆让他们在家里得不到尊重所赐。

　　除此之外，还要见过另外更高层面上的淡，也就是说，可能还需要看见过更高级的人或者读过更高级的书，知道还有比自己更甚的状况，才能达到某种境界。当他"出走半生，归来仍是少年"的时候，少年已不是以前的少年，而是指成熟以后，能够对自己的那份天真小心看护的少年。然后，他才能够做到"顺物自然"和"无容私焉"。**做任何事情，说任何话，都是顺其自然的。**

有一次，我们家的"贵内"云游四方一段时间后，终于回来了。但是，在她回来的两个小时之内，我们俩吵了一架。深更半夜，我被气得肝儿颤，冲到楼下，撕开两包加味逍遥丸，咔咔咔地吃完以后，恶狠狠地把装药的袋子扔向垃圾筒，居然没扔进去，它们飘在了垃圾桶的外面。我很生气地蹲下把它们捡起来，又恶狠狠地扔回去，这才放下。

结果，这一夜我睡得极好。第二天清晨，我突然明白一个道理，要想获得"终极释放"，你前面得有一个恶菩萨，用你之前都不能理解的方式渡你。

所以，许多真正放下的人，都一定经历过一个强烈的反转过程。每一位家有"恶人"的人，都要感谢他们用金刚菩萨相渡你，并且心存感恩，这样你就会突然一夜清明。

做一个"频率稳定"的人

午后，又热又闷，每个人都昏昏欲睡，你就睡去吧，不需要在内心里感觉亏欠了谁，也不需要让别人觉得亏欠了你。能够做到这些的时候，你就舒服了。

如果我们把自己的身体作为一个天下——这句话的意思是，小时候，我们可以努力进取，到了一定年龄，就对很多事情放开了，既没有特别亲密的朋友，也没有特别憎恨的敌人。这时，整个身体的振动频率是很稳定的。

这件事情来，你就反应了；这件事情走，也不会给

你留下情绪上的粘连。考虑问题的时候有大的格局，不会再从一己私利去看待一件事情。

我看到一篇文章，讲述的是腾讯创始人马化腾先生的格局。这篇文章里面讲到，他经常观察到很多很细致的东西，而且并没有耗用他太多的内存空间，看到了，发现了，指出了，解决了，过去了。当有这种状态的时候，生态自然就建立起来了。

基本上，一旦你觉得脖子疼，一定是脖子有问题了；你觉得脚底板痒，一定是膀胱经有问题了……。总之，只要你对身体的任何一个地方有觉察，那个地方就有问题。如果你对哪里都没有觉察，那就是最没有问题的时候。这种没有觉察，不是钝得没有觉察，而是敏感之后还是觉察不到。

"游心于淡，合气于漠，顺物自然而无容私焉。"是指一个人调整自己的呼吸，放松自己的欲望，在经历过许多拥有之后，分享于众人，分享于天地，待人处事不造作，不以自己小小的立场出发，可以从多个维度思考问题。最后，只会得到一个状态——频率稳定。

　　我们都知道，在高铁上手机信号不好，是因为你从这个基站到那个基站切换得太快。如果你能够一直站在一个基站下面，站在 Wi-Fi 旁边上网，信号就稳定。如果你自己内在的 Wi-Fi 是稳定的频率，你就不会有太多起伏。内心的起伏不高不低，损耗就少，就能够长生久视。

　　一定要多活几年，因为再多活二十年，你就可能再多活五十年；如果再多活五十年，你就可能再多活二百年。

　　我相信，在未来五十年之内，人类一定可以研发出一种产品，可以上传和下载意识，并且把身体重新打印出来。那么，一个人就可以把他的思想和意识一代代传递下去，在某种程度上获得永生。但是，假如到 2067 年的时候，这个技术实现民用了，而在 2066 年的时候，你却羽化升仙，这就太遗憾了。

你看到的别人的优雅，其实背后全是艰辛、努力和不为人知的付出。

第五章

只有很努力以后，

你才能显得很不努力的样子

阳子居见老聃，曰：『有人于此，向疾强梁，物彻疏明，学道不倦。如是者，可比明王乎？』

老聃曰：『是于圣人也，胥易技系，劳形怵心者也。且也虎豹之文来田，猨狙之便、执斄之狗来藉。如是者，可比明王乎？』

阳子居蹴然曰：『敢问明王之治。』

老聃曰：『明王之治：功盖天下而似不自己，化贷万物而民弗恃；有莫举名，使物自喜；立乎不测，而游于无有者也。』

小聪明与大智慧之人的区别

其实，《应帝王》是一篇关于"如何做主人"的讨论。在古代的时候，很多谋略家都把这篇视为道家人士指点江山的总纲。但是，小梁认为，把如何做帝王的事情放到当代的话语环境来讨论有点儿违和。所以，我更愿意把这个话题引申为"每个人做自己的主人，或面对复杂生态的时候，你应该如何应对"。这样的话，每个人就可以在当下找到与自己相应的东西。

阳子居见到老聃（老子）的时候，问了一个问题："假如有一个人，办事迅捷敏锐、果敢坚强，观察事物也洞察明了，对什么事情都很了解——总之门儿清。他是一名好的管理者吗？他可以和那些真正的领导者比肩吗？——'向疾强梁，物彻疏明，学道不倦。'"

老子说："在圣人看来，这个人只不过和那些聪明的小办事员一样而已，他会被自己的技能所束缚，因困苦劳累而担惊受怕。像老虎和豹子，就是因为毛色美丽，而招来众多猎人的围捕；猕猴因为跳跃敏捷、狗因为捕捉猎物迅猛，而遭受绳索的束缚。"（你们小时候有没有见过耍猴的？一个耍猴人在猴子脖子上系一根绳子，锣一敲，猴子就开始后空翻、侧空翻……。因为它有这些优点，所以它受到了束缚。）

接着，老子说："像这样的动物也可以和胜者之王相并列吗？"阳子居听了这番话之后，脸色一下子就变了，很不安地说："冒昧地问一下，胜者之王是怎么治理的呢？"

老子说："胜者之王治理天下，功绩铺盖天下，却好像没有自己的努力；教化施于万物，而百姓不觉得有所依赖；功德无量，却不知道该怎么赞美他。万事万物，各居其所，而欣然自得——'功盖天下而似不自己，化贷万物而民弗恃；有莫举名，使物自喜；立乎不测，而游于无有者也。'——每个人都正好在做适合自己的事儿，每个人都能成为更好的自己。于是，彼此之间相互咬合，社会得以很好的运转。内住于高深莫测的神庙之境，而生活在什么也不存在的世界里。"

这段话，实际上代表了用黄老之术管理复杂生态的心法。

关于这段话，冯学成老师曾经在《禅说庄子》中说过："大道本来是一个深不可测的黑洞，我们却要强制性地去了解，就只会越忙越乱，把社会都忙成一团糟。正因为万物都秉承了大道，它们才能各自成为自己，各就各位。"

貌似无为而治的管理需要什么样的前提

　　小梁年轻的时候，以为放任不管，处在舒服的状态，就是好的管理者，就是神经比较大条之后自然而然的状况。

　　后来，自己做事情，甚至成立了公司以后，我慢慢发现老子所说的，让世界自由自在地运转，而圣贤却处在无法觉察的微妙、自在的状况，是有前提的：第一，有很好的、善于管理体系的管理者；第二，人们了解世界的真相之后，处在相对恬淡虚无的状况。

　　如果没有这两个前提的话，一个貌似无为而治的领导，必然会带来乱象丛生的后果。比如，父母让孩子任由天性发展的话，孩子是不是真的能够按照自己的想法成为所谓快乐的人？

观察一下现实生活中的情况，你会发现绝大部分情况并非这样，这是学道的人往往会面临的窘境——你按照自然走的时候，自然弄得你狼狈不堪。那么，该如何看待呢？小梁认为，所有看似不作为、放手的后面，其实是一种有序的管理在运营支撑。

骆宾王的《咏鹅》几乎是我们学习的第一首唐诗，你能够从"白毛浮绿水，红掌拨清波"的诗句中领会到，鹅只有很努力地用蹼划水，你才可以看到它在水面上优雅的姿态。

只有很努力以后，你才能显得很不努力的样子——这大概是我工作这么多年以后最大的心得体会。一个人只有经过很努力以后，才能慢慢地成为不太努力的样子。

比如，有人说巴菲特买股票就这样买了，但你不知道巴菲特年轻的时候，真正地研究过曲线、上升通道、量化等各种交易参数，他分析股票的基本功是非常好的。再比如，凡·高所代表的印象派中很多画作都像孩子随便把颜料泼在那儿了。但是，你知道凡·高的素描基础有多好吗？他是已经证明了自己在这个领域里面所有技术，能力到达一定阶段之后，再返璞归真的。

一家好的公司的老板也是这样，你看着他好像放手不管，但他一定是之前已经把规矩立得很好，而且已经做了很多人事安排、系统架构调整，才能够释放出他的淡然。据我所知，起码中国最好的公司都是这样。

很多人说 vivo 和 OPPO 背后支持创业者的段永平先生很释然——一个人在美国打着球、投着资。他以前公司的一拨人创办了 OPPO，一拨人创办了 vivo，这两家手机公司横扫中国八线到一线城市的手机市场，甚至改变了印度大街的景象——整个印度大街全是蓝色和绿色这两种颜色。但是，你又怎么知道他在年轻的时候没有做过大量系统、架构等管理上的工作呢？

我对第一次去拜见南老的场景印象特别深刻。当时，我是做"小学生"，旁听他讲《庄子》《老子》《黄帝内经》。南老坐下来说，很多人以为读《庄子》读到散漫就可以了，神经大条就可以了。其实，他们完全没有看到黄老之术的另外一面，就是需要大量的技术支撑。

你看到别人表现出的优雅，
背后全是不为人知的付出

一个人表面上自由，是因为有很多人不自由地帮助他。一个人表面上好像不太经意地做着很正确的决策，其实背后有着很复杂的算法，甚至他掌握了一些你所不了解的算法。

《黄帝内经》里讲"法于阴阳，和于术数"，可能在这个时辰这样做，在下个时辰就不这样做的人，有着比你复杂得多，而且你根本不了解的一套算法体系帮他做决策。

　　早年，我拜访过一位医生，也不知道他是如何做到的。本来，他约了几位病人，但他临时有事儿要出门，于是就把第一张方子、第二张方子和第三张方子写好后放在那儿。然后，他对助理说："一会儿来的第一个人大概是这个样子的，你就把这个方子给他并这样嘱咐他。第二个人是……，第三个人是……。"后来，果不其然，这些病人确实与描述的一致。

　　正安的一位大夫也是这样。早些年，一位朋友来找正安的大夫看病。这位大夫说："你昨天晚上睡得太晚了，所以今天脉象是变了的。"那位病人就很震惊，说："师傅，你怎么知道我昨晚睡得那么晚？"大夫说："我昨晚刷微博的时候看见你了。"

　　我们并不知道，一些人对于好多事情可以通过很多途径来了解。比如，诸葛亮看上去神机妙算，其实是因为他有非常多亲戚朋友在魏国和吴国做内应，负责搜集情报数据。

　　当我们看到老子的这段话时，一定要很清楚，一切**看似潇洒、无所谓、不存在的状况，都是以大量艰辛的**

工作作为那些你看不见的部分的支撑。

我人生当中最有代表性的事情是，以前在攀枝花的时候，我的成绩一直在十五名到二十名之间徘徊。而班里成绩前三名的同学却天天玩儿，下课的时候也不做作业。有一天，我和他们聊天，很生气地说："我都已经很认真了，为什么才十几名；你们为什么可以总是前三名？"后来，我才知道，他们在小学一年级的时候，已经把小学五年级之前的内容都学完了。

你看到别人表现出的优雅，其实背后全是艰辛、努力和不为人知的付出。

南老说："读老庄不要读傻了，读到假潇洒，很可怕。"如果我们读《庄子》，不配合着读《论语》《大学》《中庸》，不配合着学习微积分、现代物理和数学，没有工程学和科学知识的话，很容易变成嘴上散漫、行为上失败的边缘人。这才是真正可怕的地方。

有格局的人和没格局的人，差别在哪

在前面的故事中，老子告诉阳子居："做人做事不要执着于某些技巧，关键是要放大格局，让万物自己做自己就好啦——'有莫举名，使物自喜。'然后你就在旁边晒太阳；行至水穷处，坐看云起时。"

你看富二代活得挺高兴，但你不知道他爹有多辛苦。我认识很多这样的朋友，他们从小学或中学就被送到国外读书，回来之后，说着一口流利的英文，学的专业是 fashion design（时装设计）。

他们回到家里，面对自己父辈还是在传统工业，不是砖头、螺丝就是轴承，反正都是工业 1.0 的那些事儿，或者老爹承包了几万亩果园，榨果汁什么的。对此，通常情况下，富二代会发出饿的话为什么不吃肉粥——"何不食肉糜"的感慨。但是，如果没有父辈付出像搬砖一样的辛苦，他们很难获得现在的自信。

小梁受邀和一群做投资或做企业成功的朋友，做一个深度的分享。当时，我问了大家一个问题："请问，家庭给了你们什么让你们成为今天这样的人？"席间，我注意到一位在投行做得很成功，后来做私募赚了很多钱的优秀年轻人。他是清华大学物理系的本科毕业生，在大学期间，他的物理、高等数学等主要科目都拿满分，只有体育这些课程没有拿到满分，但也没有低于九十五分。

这种成绩对我们来说，简直高山仰止，在智商上是被碾轧的。然而，他说："大家看到的都是我在清华大学成绩很好的一面。后来，我从清华大学物理系毕业之后没什么钱，于是花了一点儿时间研究一下到底该怎么赚钱。最后，我了解了投资银行是如何赚钱的，于是，就做了投行，也做得很成功。"

但是，我想跟你们分享一下他小时候的故事。小时候，他家里很穷，住在东北很冷的地方。由于种种原因，他的父亲在早年被打成了没有工作能力的人。他五岁到七岁的时候，常常会跟着父亲拖着像电影《冈仁波齐》中一样的车子，到很远的县城，把公共厕所的粪便拖回来做肥料。

你可以想象一下，天很冷，积雪比人还高，在这样的雪地里把车拖回来的场景。改革开放以后，他父亲什么都做过，修手表、搬砖……。总之，他父亲通过个人努力，在大部分人想都不敢想一千元的时候，创造了第一个一千元（那个时候，万元户是拥有很多很多钱的人，就和现在的亿元户一样）。

在他十岁的某一天，他父亲买了火车票带着他来到北京。他们从火车站出来之后，直接坐着公共汽车，哐唧哐唧地晃了很久之后，来到一个地方——清华大学。他父亲指着清华大学的校门说："我从来没有来过这里，但我在书上看到这所学校是全中国最好的学校，父亲最大的愿望就是你能够考上这所学校。"

　　这位年轻人说:"如果你了解这一段之后,再来看我后来的成绩,你们就知道了,其实有很多东西都是在小时候埋下的种子。"

为什么一些人努力之后，还是很清苦

我想跟大家分享的话题，就是努力和不努力的人，还有什么差别？**为什么一些人努力之后，还是很清苦？为什么一些人努力之后，可以达到很高的格局，慢慢幻化出潇洒的样子？中间的差别在哪里？其实，差别在于小时候看问题的格局。**

小时候，我没有去过清华大学，只见过广州一所大学容纳一千人左右的分院，饭堂只有一层，宿舍楼也就两三层，阶梯教室也是小小的。后来，我考上北京广播学院（已更名为中国传媒大学），走进学校一看，就和小时候见过的大学差不多。所以，我根本没想过自己能够成为清华、北大的毕业生。

当年，我的高考成绩应该是高于清华大学的录取分数线的，因为我们班里一位成绩比我还低五十分的同学考上了清华大学，但我填志愿的时候都没敢报清华大学。当时，我觉得以我的智商和"积分"能够读北京广播学院已经非常厉害了，事实也就如此。

小时候格局很大的人，大部分是父母给他们播下了伟大心灵的种子。经历过很认真的工作之后，最终他们要超越这种表面上辛苦的工作，建立一个有着更开阔视野的格局。而这些种子是在他们很小的时候就被播在心头了，可能是以"被告知"或"被看过"的方式。

话说回来，老子是一个有很大格局的人。他为什么有这样开阔的格局？因为老子的长辈已经有二十多代人接触过皇帝的生活，他们大部分是史官——国家图书馆管理员。

在中国古代，像老子长辈和老子这样的人，所看到的东西，是一般人看不到的，而且他们的工作都是世袭的（那时候，外国也是这样的世袭制。比如，在印度，你是在恒河边摆渡的人，那你的后代就一直是摆渡人）。他们看过大量帝王真正管理国家的那些秘密和格局，之后写出来的东西，所表述出来的，一定隐含了很多强大的能量。

而我们，如果在小时候，心里没有天下的格局，妄想从开始就成为潇洒的人，就会形成散漫的性格；如果开始很勤奋、辛苦，但没有大的格局和远大见地的话，也很容易终身劳于辛苦。

什么是大格局，什么是远大的见地

我再和大家分享一个故事。当年，我刚刚考进北京广播学院的时候，听见几位北京的同学讲如何竞选班干部、团干部的事情——他们的父母有的是在学院里的，有的是在部委里的……。这几个北京孩子聊的全是从小耳濡目染的——如何搞架构，怎么能够有大方向，谁负责宣传造势，谁负责引发利润点，谁负责安排岗位……

而我只是一个从广东来的乡下仔，傻傻地在和旁边的同学说："今天中午饭堂的丸子好像还挺好吃的。"瞬间，我意识到了差异。

扎克伯格之所以能够成为今天的扎克伯格，很大的原因是，他读过大量古希腊和古罗马的文献。据说，他能背很多篇古希腊的长诗。

所以，**孩子在很小的时候，应该被种下一颗有宏大见地的种子——不仅仅是为了生存去学习，也不仅仅是为了生活去工作，必须有超越于此的对人生的理解。**

然而，似乎每个家庭给孩子播下的种子都不一样。有时候，我观察到六七岁的孩子，隐隐地看见了父母在他们身上的投影。一些孩子关心吃喝玩乐，一些孩子关心怎样将作业做好，还有一些孩子关心到底能够为社会创造什么样的价值，也有一些孩子关心每个人的言谈举止……

实际上，在老子谈论天下格局的文字中，我们要看到两层含义：

第一层含义是，**潇洒的背后要有扎实勤奋做基础，要有根底**——以前做过这样的流程系统，甚至认真工作过、经历过所有烦琐的细节之后，再重新成长为一位领导者后拥有的达观；第二层含义是，**仅仅勤奋还不够，还需要有机缘——**在勤奋之前，乃至在勤奋的过程中慢慢培养出来宏大的见地。

对于今天的孩子来说，什么是宏大的见地呢？他们必须清楚地意识到，现在正处于大变革时期的开始，人类和机器正在融为不可分割的整体。机器正在进化为灵长类机器人，而人类会有越来越多的可穿戴设备，和整个互联网以及机器世界甚至基因工程相融合。

人类正在进化成另一个超级物种。你要选择如何在这个过程当中，一直保持着敏锐的观察，保持着能够在这样的时代生存和成长的人格，拥有与之匹配的趣味和品位。这些都是父母在这个阶段自己提升之后，以不言之教，帮助孩子建立的见地。否则，孩子很可能在未来的五十年被整个时代抛弃。

潇洒，是以认真而严谨的工作为前提的；自在，也是以深刻而宏大的见地为基础的。

你能做到喂猪、砍柴、侍奉老婆，
该干什么就干什么，干什么就像什么，
并且将整颗心注入的时候，
你就能够在一种动的状态当中，
获得某种定的境界。

第六章

读书和读人，
最后都是借此来读自己

明日，又与之见壶子。出，而谓列子曰："子之先生不齐，吾无得而相焉。试齐，且复相之。"

列子入，以告壶子。壶子曰："吾乡示之以太冲莫胜，是殆见吾衡气机也。鲵桓之审为渊，止水之审为渊，流水之审为渊。渊有九名，此处三焉。尝又与来。"

明日，又与之见壶子。立未定，自失而走。壶子曰："追之！"列子追之不及。反，以报壶子曰："已灭矣，已失矣，吾弗及已。"

壶子曰："乡吾示之以未始出吾宗。吾与之虚而委蛇，不知其谁何，因以为弟靡，因以为波流，故逃也。"

然后列子自以为未始学而归。三年不出，为其妻爨，食豕如食人，于事无与亲。雕琢复朴，块然独以其形立。纷而封哉，一以是终。

郑有神巫曰季咸，知人之死生、存亡、祸福、寿夭，期以岁月旬日，若神。郑人见之，皆弃而走。列子见之而心醉，归，以告壶子，曰：『始吾以夫子之道为至矣，则又有至焉者矣。』

壶子曰：『吾与汝既其文，未既其实。而固得道与？众雌而无雄，而又奚卵焉！而以道与世亢，必信，夫故使人得而相汝。尝试与来，以予示之。』

明日，列子与之见壶子。出，而谓列子曰：『嘻！子之先生死矣！弗活矣！不以旬数矣！吾见怪焉，见湿灰焉。』

列子入，泣涕沾襟以告壶子。壶子曰：『乡吾示之以地文，萌乎不震不止，是殆见吾杜德机也。尝又与来。』

明日，又与之见壶子。出，而谓列子曰：『幸矣！子之先生遇我也，有瘳矣！全然有生矣！吾见其杜权矣！』

列子入，以告壶子。壶子曰：『乡吾示之以天壤，名实不入，而机发于踵。是殆见吾善者机也。尝又与来。』

不要让自己的生机被任何事物控制

在《应帝王》里，庄子讲了一个很有意思的故事，是关于列子、壶子和季咸三个人的。

据说，季咸是郑国的一位巫师，能够从面相观其人，而且相法很精准，比如认定一个人会在十五天之后死的话，那么这个人肯定活不到第十六天。

而列子呢，是郑国的一位修行之人，壶子是他的老师。列子跟着壶子老师学了很长时间，总觉得老师也不过尔尔。有一次，列子就跟壶子说："老师啊，据说季咸看相、看风水、看命理都非常厉害。"壶子就说："你才跟我学了多久啊，还没入道呢。所以，你都在看一些表象。并且，还要去看相，让人家洞察你，让自己的意识被人控制，这件事情本身就很低级。"列子说："老师，季咸很厉害呀，您要不要见一下？"壶子说："既然这样，你就让这人来给我看看相吧。"

这一天，列子就带着郑国无人不知无人不晓的巫医——季咸来到壶子面前。第一次看完之后出来，季咸跟列子说："完了完了，你老师的相，形如死灰，看来活不了多久了，请早点儿准备后事吧。"

听巫医季咸说自己的"亲生"老师要死了，列子很难过。回去就跟壶子说："老师，季咸说你快不行了。"这时，壶子大笑着说："我只不过是闭塞了自己的生机，你让他再来看看我。"

第二天，季咸又来看壶子，看完出来后跟列子说："你的老师碰到我很幸运哪，刚才进去啊，我只看了他一眼，他就不一样了。今天，我感觉他的病症减轻了，应该有救。因为我在他闭塞的生机当中，看到了神气微动的情况，嗯，他的状态还可以。"

季咸走后，列子把刚才他说的话原原本本告诉了他的老师壶子。壶子说："季咸进来的时候，我把生机（气）从脚跟发到全身，稍微露了一点儿出来，所以他能看到一点儿。这样吧，你让他明天再来看一下。"

第三次列子和季咸见壶子的时候，才看一眼，季咸便把持不住，拔腿就跑。壶子说："列子，你赶紧把他追回来。"列子冲出去，发现季咸已然跑得没影儿了。列子回来跟壶子说："老师，找不着季咸了，也不知道为什么，这个人今天完全失控了，一点儿都不像一代宗师。"

壶子跟他说："我第三次呈现出来的，是一种气机的随形而动。季咸是什么样子来，我就是什么样子回。所以，季咸发现他看不到我，这对他来说，肯定是一个非常新鲜的体验，因为他没有见过那种自己捕捉不到对方气象的人，所以季咸就逃之夭夭了。"

一些敏感到完全可以把握自己气机的人，可以做到让飞鸟不飞——如果一只鸟停在一个人的手上，每次起飞时，都要很轻地踩一踩他的手，利用反作用力，再扑腾翅膀，就可以飞起来。但是，如果你捕捉到这只鸟刚要发力的时候，就把手往下沉，鸟就会踏空而飞不起来，就是因为没有那一点儿反作用力。

其实，壶子和季咸之间也是类似的情况。壶子不让季咸在自己身上有任何一点儿着力的地方，所以自己的神态完全不能被季咸捕捉，最后季咸就很崩溃。

什么叫"有魅力的人"

　　曾经，小梁看过一部关于意识控制魔术的纪录片。其中，一些读心术大师可以通过你的瞳孔的微微变化，知道你对什么东西感兴趣。比如，他对你说："一、二、三、四、五、六、七，你心里在想哪个数字？"

　　有时候，当他念数字的时候，他会看你眼神的变换。因为他会发现你在听到其中一个数字的时候，神态不太一样。而且他在说这几个数字的时候，会把其中某个数字念得比其他数字重一点儿，所以敏感的人就会被暗示。

壶子呢，是那种完全可以控制自己的人，不只控制脸上的表情，还包括内在的生机，他可以做到收放自如。面对观察他的人时，他可以控制自己，释放生命的高潮波，释放生命的死亡波，还可以释放生命的混乱波。他可以做到对于观察者的反作用，其实全是在用心之术上。

但是，他的学生列子不知道如何能够做到这一点。壶子说："季咸是一位高人，他知道怎样观察人，他知道如何从光线、眼神、动作、微表情里看到你的状态。但那是对普通人。他来见我的时候，我可以反控制、反观察。"

听到老师和他讲这些的时候，列子终于明白了，原来世界上的高人一直在自己身边，而且真正的高手是不会炫技的。真正的高手总是表达得好像很沉默、很一般的样子。你觉得他比你优秀不了多少，但是，你在努力了五十年之后，发现他还是比你优秀一点儿。

于是，列子就回家做一个让自己返璞归真的普通人。老婆再厉害，他也不生气；老婆说什么就是什么。

老婆叫他往东，他就往东；老婆叫他做饭，他就去做饭。而且，他喂猪的时候，就像对待老师一样认真。如是三年，列子达到了一个看上去，乃至内心里面都修炼到返璞归真无差别的状态。

对于列子的这个故事，南老曾经在《庄子諵譁》中说："列子回家给太太做饭，'于事无与亲'，这是应帝王第一个秘诀，入世的秘诀。有道之士到这个世界做人做事，做任何事都是无与亲，不亲。不亲是什么？就是佛学里的不执着，不抓得很牢。对自己的生命更不要抓得很牢。年纪大了，总有一天再见；再见就再见，没有什么关系，一切听其自然，万事不执着，这样才能够入世。"

什么叫有魅力的人？就是对你没有要求，而且对所有人都是无分别的爱，这个人自然而然地就会长出魅力和吸引力。

我和一群做社会教育的朋友聊天的时候，其中一个人说，他发现现在可能是因为普遍家庭环境很好，一些青少年身上有一种特质——无欲无求。因为在他眼中谁都差不多，如果家里给他很好的教育，他又没有受到来自社会的污染，这些青少年会幻化出一种状态——对谁都差不多好，也不求谁，因为自己家里什么都有。反而，在这些青少年身上，长出了一种很吸引人的奇特魅力。

我认真想想，的确是这样。**如果你身边有一位朋友，他不会因为你穷或者富，不会因为你丑或者美，而对你有什么不同。他既不求你，也不需要你给他什么，他总是很自在地生活；与你交流的时候，不会奉承你，也没有批评你，如是而已。你会不会觉得这位朋友很有魅力呢？**

实际上，列子回家修行了三年，劈柴的时候就认真劈柴，喂猪的时候就认真喂猪；对待老婆没有憎恨，没有分别，不会认为"儿子都是自己的好，老婆都是别人的漂亮"，对待别人都一样尊重，他就慢慢地恢复到无分别的爱，这就是"生活禅"。

儒家说："泛爱众，而亲仁。"**"泛爱众"就是博爱。这种博爱并不是逮谁爱谁，而是对谁都一样，没有分别心。**经过如是这般几年之后，列子终于成就了自己。

原来自己一直很孤独

我个人认为，以上的故事是《庄子》中最精彩的故事之一。我们该如何看待这个故事呢？大致可以分成三层含义：

第一层，在中国古代乃至世界各地，可能在很早以前，就已经有像季咸这样的人，通过各种微表情的观察，乃至意识控制术，达到观察阴阳之变化，洞见阴阳之未来的境界，我们称之为"巫"。

第二层，壶子已经可以控制内在生机的变化，就像镜子一样——我是谁不重要，你到我这儿来，你只能看见你。当一个人修炼到壶子这种境界的时候，季咸这样的人就会慌乱了。因为以前你认为自己可以观察别人，你是高人一等的，可以从某种程度上做到意识控制。但是，当你突然看见了一面镜子，而且控制不了镜子，因为你是谁，你就看见谁，你又很难把握自己。

第三层，壶子用他的修为以及这样的经历来行"不言之教"，让列子知道，**一切最后还得靠自己去努力，而努力的方向就是保持初心，回归自己本真状态，并且成为做什么事情就在什么状态的念兹在兹的人。**

那个东西叫"定"，戒定慧的"定"，知止而后定的"定"。一些人是打坐，在洞中修禅，在静中入定；一些人是在喂猪、做饭、劈柴、喂马的过程中，在动中入定。

话说回来，**你能做到喂猪、砍柴、侍奉老婆，该干什么就干什么，干什么就像什么，并且将整颗心注入的时候，你就能够在一种动的状态当中，获得某种定的境界。**

后来，列子因此超越了自己，成为一位神仙级的人物。

庄子用这个故事表达了他对这件事情的三层看法，我想还有更深层的含义，是如今的小梁所不能表达的，因为我只能看到这里。

我读到这个故事，最大的感触就是，我能够解读的《庄子》，只是我的趣味化境界而已。大家千万不要以为《庄子》仅限于此，其实是我仅限于此。也许，再过十年，我重新和大家一起学习《庄子》的时候，不会这样解读。

读这个故事的时候，我也在读自己的情绪反应模式——我在这个故事里面，到底看到了什么？通过读自己的情绪，通过观察自己看到了什么，我发现了一个没什么进步的梁冬。但是呢，发现自己没什么进步，跟昨天发现自己没什么进步，又有一点儿不同。到底是哪里不同呢？无以言表。我倒很想知道，你在看这本书时，看到了自己的什么？

"以铜为镜，可以正衣冠；以史为镜，可以知兴替。"读书和读人，最后都是借此来读己。

所以你可以读一下在每个晚上的梦里，自己以什么样的情绪，经历了什么样的故事。或许你在梦里发现自己其实是一个孤独的人，这时你应该感到释然，因为起码你知道，原来你一直很孤独。

像面对镜子一样看待自己

如何被朋友圈和各种电视剧影响，

这件事情本身

可能是现代人一个很重要的修行方法。

第七章

把自己的心当镜子

——物来则迎，物去不粘

无为名尸，无为谋府，无为事任，无为知主。体尽无穷，而游无朕。尽其所受乎天而无见得，亦虚而已！至人之用心若镜，不将不迎，应而不藏，故能胜物而不伤。

把自己的心当镜子：
来了，就回应；走了，就不粘连

庄子讲了季咸、列子和壶子的故事后，批注了十六个字——"无为名尸，无为谋府，无为事任，无为知主。"

"无为名尸"是什么意思呢？说的是名声啊，就像主人，我们不要成为名声的尸体，被它拖着走。禅宗里有一个公案，叫"拖尸体者是谁"。里面讲到，我们其实就是一坨肉，是谁拖着这坨肉今天去火车站，明天去机场？是谁让这坨肉白天坐在这儿跟人谈事儿，晚上又去睡觉？

我们要有自己的主观意志，而不是被名声所累。比如，不要因为你是总经理，就被总经理的头衔绑架，做成总经理的样子；不要因为你是妈妈，就得天天混妈妈圈、晒娃圈，然后绑架同学、朋友、亲戚去给孩子参加的幼儿园活动点赞。**我们不要成为名分的尸体，不要被名分拖着跑。**

南老在《庄子諵譁》中也同样地认为，"'无为名尸'就是不要为了求名，为了求利，而成为虚名的奴隶。我们现在社会上的明星，或者追求知名度的人，出名之后就变成尸体了，到处请你去亮相，天天对着那个摄影机，照得眼睛都坏了，这就是被名困住了；千万不要为名尸啊，不要被名困住了"。

"无为谋府"，是指不要让自己的谋略，完全出于自己的本地运算。你的决策，除了来自于自己的经验判断之外，还得从云端、大自然和宇宙当中汲取变化趋势，而不能仅仅依靠自己的主观判断去规划任何一件事情。否则，当你想象世界围绕着你转，但你的心力又不足以达到的时候，就会活得很累。

"无为事任"，就是不要被自己正在做的事情绑架，不要逆自己的天性去推动任何一件事。比如，我在喜马拉雅FM上做《梁冬私房笔记：庄子的心灵自由之路》音频课程这件事，开始，是种种因缘在推动；但做着做着，这件事情就被异化成工作了。有一天，该录音频课程了，但小梁觉得实在没有话说，如果勉强录制的话，那肯定会很伤身，更会伤害彼此的信任。所以，我就在第二天有感而发的时候再去补录。

但是，如果这件事今天必须做，就叫作"事任"（责任）——被这件事情本身绑架了。所以，庄子说"无为事任"——不要让这件已经被异化的事情绑架了你的初心。本来，你做这件事情来自天机，是各种因缘的和合。结果，做着做着，就被这件事情绑架了。

"无为知主"，就是不要成为原创知识的人。这个世界上其实没有什么知识是你创造出来的，起码在庄子那个时代是这样的。当然，也许各位同学会有各自的判断，认为在这个时代会有所变化。但是，起码在庄子生活的时代，他认为重要的事情，早就被了解了，你就不需要绞尽脑汁去再创造新的智慧了。

庄子用十六个字——"无为名尸，无为谋府，无为事任，无为知主"，来表达壶子以及列子后来修行达到的境界，还是很有趣的。当你做到这四句话所表达的意思后，慢慢慢慢就会潜心地体验到永不休止的真源，自由自在地游乐而不留下踪迹——"体尽无穷，而游无朕。"

尤其是一个人到了至人的层次时，会完全把心当作一面镜子，物来不迎，物去不送——"至人之用心若镜，不将不逆。"来了，就回应；走了，就不粘连——"应而不藏"。所以不管多少事情来了，你都不会被伤到——"故能胜物而不伤"。

可以说，这一段是《应帝王》里最核心的观点——一个人如何成为自己的主人，恰好是以一种很奇妙的、很辩证的方式——"应而不藏"来完成的，所以才能不受伤。

到这里，你是不是觉得一个人既要做自己的主人，又要对任何外来的事物不拒绝、不粘连、不隐藏、不将就、不迎合，很矛盾？以前，我也和大家分享过"应而不藏"这个观点。你的存储域再大，可能也有装到爆的时候；只有当你把自己的心当作镜子，来了就来了，走了就走了，才不会爆掉。

你的运算能力全都是别人的，你只是一个接收终端，负责上传和下载，而没有本地运算能力。所有存储、运算、传递等全部都在云端进行，都是其他端口。你只负责当下的反应，你的速度快，电脑也不会受伤，这就叫"至人之用心若镜"。

生活本来就很狗血

在现实生活中，可能你会突然发现，一位在你们公司里非常不引人注意的人，原来是老板的儿子。一位企业家突然发现，有一天他的员工辞职了，问他："你为什么辞职？"那个人说："恭喜你，你通过了我们的测试，我父亲管理的私募要给你投资，但首先要了解这家公司的情况。所以，我到你们公司来打工，只是看看你们公司靠不靠谱。经过一个月做勤杂人员的观察，我认为你们公司值得投资。所以，我父亲已经决定给你们投十个亿。明天，我可能会成为你们公司的董事会成员。"

假如这样的事情来临的时候，你该怎么办呢——原来你是卧底啊，请问有何指教？你想怎么着？我能为你做什么？这就是生活的剧情越发狗血的原因，**不是我们的生活变得狗血了，而是它本来就那么狗血。**

另外，在这么狗血的基础上，我们整个人群的世界观，也被电视剧的编剧投射影响了。大家在看电视剧时，看着看着就会把自己代入进去——我是里面的谁？

当你把自己投射进去之后，你的情绪反应模式，就被编剧和导演反影响了。本来，编剧和导演是对现实生活的观察，提炼创作出的电视剧，但电视剧本身又反作用于生活，让我们感觉到自己活得比狗血的剧情还要狗血，形成了一种相互映射的影响。

所以，我个人认为不要拍那么多"心机"剧和宫斗剧，时间长了，一旦刺激出国人的乐趣，怎么得了？年轻的时候，我生活在广东地区，看了很多 TVB 剧，里面全都是讲 office lady（白领女性）怎样在职场里像穿高跟鞋一样，在人与人之间、人与事之间、表象和真理之间等错综复杂的关系当中保持优雅的平衡。

后来，我到北京看 BTV 很不适应。因为那时候，BTV 没有这种剧。不过，现在我看到一种现象，就是 TVB 的宫斗剧文化成功地传染到了 BTV。我在 BTV 上也经常看到这类电视剧，但我对此没有表扬和批评，而是客观地陈述。

其实，我们可以像旁观者一样，来看待编剧和我们的生活之间如何形成互动——这些编剧如何观察生活后编出了那些狗血剧，来影响我们的生活。而我们又是如何受它的影响呢？如果在这一刹那，你突然觉察到"原来我活在一个被编剧影响的世界里，变成电视剧的编外人员，成为这部剧的现实版投影"的时候，你就能够跳出这个游戏规则。

"你站在桥上看风景，看风景的人在楼上看你"——你在 iPad 前看电视剧，看电视剧的人在哪里？如果你能够抽离出来，旁观自己在看宫斗剧时情绪的跌宕起伏，观察到自己已经被剧情绑架，自己开始投射进去，觉得自己就是受害者，你是不是能够觉察到受害者只不过是一种幻觉？**如果你没有觉察到，你就被受害者的情绪伤到了；如果你觉察到，你就没有受伤。**这就叫"故能胜物而不伤"。

像面对镜子一样看待自己如何被朋友圈和各种电视剧影响，这件事情本身可能是现代人一个很重要的修行方法。

如果我们能够觉察自己活在一个怪圈当中——现实社会被浓缩提炼成电视剧，电视剧反过来引发我们的共鸣，让我们投身进去的时候，我们可能会像电视剧里的主人公一样，同样受到了伤害。

如果此时，你能够跳离出来，像面对镜子一样，看到自己被这个轮回所裹挟的话，你就不会受伤。

当我们每天都怀着真正的感恩，去面对我们一旦知道可能就会被吓死的，但我们还不知道的真相时，就会充满深深的幸运感。

第八章

人不是什么时候都需要开窍

南海之帝为儵，北海之帝为忽，中央之帝为浑沌。儵与忽时相与遇于浑沌之地，浑沌待之甚善。儵与忽谋报浑沌之德，曰：『人皆有七窍以视听食息，此独无有，尝试凿之。』日凿一窍，七日而浑沌死。

王安石

千秋功过

梁文涛 著

——长篇历史小说《王安石·千秋功过》创作谈——

要人亦得人矣而未始出於非人

夫以所好為是人所惡為非人者唯以是非為域者也夫能出於非人之域者必入於無非人之竟矣故無得無失無可無不可豈直藏仁而要人也○藏仁才剛反崔云懷仁心以結人也本亦作藏作剛反善也簡文同要一遍反註同好呼報反惡烏路反之寬

音境

泰氏其卧徐徐其覺于于一以已為馬一以已為牛

夫如是又美是人非人之有哉斯可謂出於非人之域○徐徐如字崔本作祛祛古孝反于于如字司馬云徐徐安穩兒于于無所知兒于于寐之狀也簡文云徐徐于于寐之狀也

其知情信

任其自得知其德故情信

其德

而未始入於非人

以絕於有虞之世不入乎是非之域所

甚真

故無偽任其自得

肩吾見狂接輿狂接輿曰日中始何以語女肩吾曰告

我君人者以巳出經式義度人孰敢不聽而化諸接興

仲亦如字始李云日中始人姓名賢者也

曰是欺德也

以巳制物則物失其真○日人實反中音

崔本無日字云中始賢人也語魚據反女音汝後皆同

出經絶句司馬云出行也經常也崔云出典法也式義

度人絶句式法也崔云式用也用仁

義以法度人也欺簡文云欺妄也

其於治天下也猶

涉海鑿河而使蚉負山也

夫寄當於萬物則無事而自成以一身制天下則功莫就

而任不勝也○鑿杜洛反下同郭粗鶴反河李云涉海必陷波鑿河無成也蚉音文本亦作蟁同勝音升夫

聖人之治也治外乎

全其性分之内而已各正正而後行性命確乎能

其事者而已矣

不為其所不能○確苦學反李云堅貌崔本作㝵音託 且鳥高飛

以避矰弋之害髹鼠深穴乎神丘之下以避熏鑿之患

禽獸猶各有以自存故帝王任之而不為則自成也○糟則能反李云間也害崔本作苗鼷音兮　而曾

二蟲之無知　之各存而不待教乎　言汝曾不如此二蟲

天根遊於殷陽至蓼

水之上適遭無名人而問焉曰請問為天下無名人曰　問為天下則非起於大初也○天根崔云殷陽

去汝鄙人也何問之不預也　止於玄冥也　人姓名也遊於殷陽李云殷山名陽山之陽崔云殷陽

地名司馬云殷眾也言向南遊也或作殷湯蓼音了李

云水名也不豫司馬云嫌不漸豫

太倉卒也簡大云豫悅也大音泰　予方將與造物者為

人自為　人任人之　厭則又乘夫莽眇之鳥以出六極之外而遊

無何有之鄉以處壙埌之野

莽聑蕐碎之謂耳乘蕐碎
馳萬物故能出處常通而
無迹

夫音符莽莫蕩反崔本作猛聑妙小反
莽聑輕虛之狀也崔云猛聑之鳥首也取其行而無

無狹滯之地〇

壙徐苦廣反埌徐力黨反李音浪壙埌
無垠為名也崔云猶曠蕩也挾戶夾反

汝又何帠以治

天下感予之心為

言怢故之自得之場則不治而自治
也〇帠徐音藝又魚例反司馬云法

又復問無名人曰汝遊心於

淡

一本作憺牛世反崔
本作為治直史反下文同

任其性而無所飾焉則淡矣〇
復扶又反淡徒斬反徐大敢反

合氣於漠

漠然靜於
性而止〇

順物自然而無容私焉而天下治矣

任性自生公
也心欲益之

漢音順
莫

私也容私果不足以
生也而順公乃全也

陽子居見老聃曰有人於此嚮疾

彊梁物徹疏明學道不勸如是者可比明王乎老聃曰
言此功夫容身不得不足以此

是於聖人也脣易技係勞形怵心者也

王楊子居李云居名也子男子通稱偶許亮反李云
許兩反疾彊梁云所在疾強梁之人也李云敏疾如
醫也簡文云如齧應之疾故是強梁之貌物徹疏明
司馬也物事也徹通也事能通而開明也崔云無物不
達無物不明勸其卷反昏如字司馬云疏也簡文云相
也易音亦崔以跂反也簡文同技徐其綺反簡
文云藝也俙如字崔本作繫或
云作繫簡文云音繫怵勑律反

狙之便執斄之狗來藉如是者可比明王乎
此皆以其文章技能

且也虎豹之文來田
文章技能以皮

猨
傑累其身非涉虛以御乎無方也來田李云虎豹以皮
有文章見獵也田獵也猨音爰狙七餘反便眠肙反舊

陽子居蹵然

曰敢問明王之治老聃曰明王之治功蓋天下而似不

自己

天下若無明王則莫能自得今之自得實明王之
功也然功在無為而還任天下天下皆得自任故
似非明王之功○蘧然子六
反改容之貌治真史反下同

化貸萬物而民弗恃

夫明
王皆
就足物性故人人皆云我自爾而
莫知恃賴於明王○貸吐代反

有莫舉名使物自喜

雖有蓋天下之功而不舉以為
己名故物皆自以為得而喜

立乎不測

居變化之塗日新而無方

而遊於無有者也

與萬物為體則所遊者虛也不能
冥物則遊物不暇何暇遊虛哉鄭

有神巫曰季咸知人之死生存亡禍福壽夭期以歲月

旬日若神鄭人見之皆弃而走

男曰覡季咸名

不憲許忌反

列子見之而心醉歸以告壺子曰始吾

以夫子之道為至矣則又有至焉者矣

壺子曰吾與汝既其文未

既其實而固得道與眾雌而無雄而又奚卵焉

而以道與世亢必信夫故使人得而相汝

嘗試與

不憲自閑死日也〇神

聖曰季咸李云女曰巫

醉向云迷感於其道也壺子
司馬云名林鄭人列子師

謂季咸之至又過於夫子〇心

言列子之未懷

道也〇既其文李云既盡也與音餘眾雌而無雄而又奚卵焉司馬云言汝受訓未熟故未成若眾雌無雄則無

則有心
未懷道

有心而亢其一方以必信於世故可得而相之則有心

〇亢苦浪反必信崔力純反相息亮反注下同

來以子示之明日列子與之見壺子出而謂列子曰嘻

子之先生死矣弗活矣不以旬數矣吾見怪焉見濕灰

焉列子入泣涕沾襟以告壺子壺子曰鄉吾示之以地

文萌乎不震不正　萌然不動亦不自正與枯木同其不　華濕灰均於寂寐此乃至人無感之

時也夫至人其動也天其靜也地其行也水流其止也

淵默淵默之與水流天行之與地止於不為而自爾

一也今季咸見其尸居而坐忘即謂之將死覘其神動

而天隨因謂之有生誠應不以心而理自玄符與變化

升降而以世為量然後足為物主而順時無極故非相

者所測耳此應帝王之大意也○示之本亦作視崔云

示視之也嘻徐音熙郭許意反數所主反鄉許亮反本

作幕亦作向同崔本作康云向也地文與土同也崔云

文猶理也不震不正亦如字崔本作不讈

不止云如動不動也應對之應後同

是殆見吾杜

德機也

機崔云萃吾德之機　德機不驗曰杜吾杜德

嘗又與來明日又與之

見壺子出而謂列子曰幸矣子之先生遇我也有瘳矣

權機也今乃自覺昨日之

全然有生矣吾見其杜權矣

所見見其杜權故謂之將

死○瘳列子入以告壺子壺子曰鄉吾示之以天壤

丑留反

名實不入

任自然而

覆載則天壤

之中覆載之功見矣比之地文不

猶卵乎此應感之容也見賢遍反

機玄應而名利

之飾皆為弃物

而機發於踵

常在極

上起

是殆見吾善者機

也

彼彼乃見之

嘗又與來明日又與之見壺子出而謂

列子曰子之先生不齊吾無得而相焉試齊且復相之

居太沖之

極浩然泊心而玄同萬方故勝負莫得厝其間也○齊
側皆反本又作齋下同復扶又反泊白博反又音鯢厝
七故反文字又作措同

是殆見吾衡氣機也

無往不平混然一之以
管闚天者莫見其涯故

淵有九名此處三焉

淵者靜默之謂耳夫水常無心
委順萬物故雖流之與止鯢桓
之與龍躍常淵然自若未始失其靜默也夫至人用之
則行捨之則止行止雖異而玄默一焉故略舉三異以
明之雖波流九變治亂紛如居其極者常淡然自得泊
于忘為也鯢五分反桓司馬云鯢桓二魚名也簡文云

鯢桓之審為淵止水之審為淵流水之審為

闚去規反○

似不齊○

鯢鯨魚也桓盤桓也崔本作鮶拒云魚所處之方穴也

又云拒或作桓審郭如字簡文云處也司馬云審當為

蝤蠐聚也崔本作潘云回流所鍾之域也淵有九名

淮南子云有九琬之淵許慎注云至深也治直吏反嘗

又與來明日又與之見壺子立未定自失而走壺子曰

追之列子追之不及反以報壺子曰已滅矣已失矣吾

弗及已壺子曰鄉吾示之以未始出吾宗雖變化無常深根寧極也

○失而走如字徐音吾與之虛而委蛇無心而隨物化○委於危反蛇

逸減崔云滅不見也沉然無

以夫反委蛇不知其誰何所係也

至順之貌因以為弟靡因以為

波流故逃也變化頹靡世事波流無往而不因也夫至人一耳然應世變而時動故相者無所措

其目自失而走此明應帝王者無方也○為弟徐音頹大回反靡弟靡不窮之貌崔云猶遊伏也○波流如手崔本作波隨云

然後列子自以為未始學而歸三年不出

忘貴賤也○為于偽反

為其妻爨食豕如食人

爨七判反食音嗣下同

於事無

塊然獨以其形

與親

唯所遇耳

雕琢復朴

琱去華取實○琢竹角反復符六反

紛而封哉

雖動而真不散也○紛崔云亂貌哉崔芳云反

立

外飾去也○塊徐苦對反又苦怪反

本作戒云封

戒散亂也

一以是終

使物各自終

無為名尸

自當其名也

因物則物各

使物各無為名尸自當其名也

無為謀府

自謀也

使物各自謀也無為事任物各自任

無為事任

付物使各自任無為知主物各自

無為知主

無心則物各自任

主其知也○音智註同

知音智註同

體盡無窮

因天下之自為故而遊無朕物任

馳萬物而無窮

而遊無朕

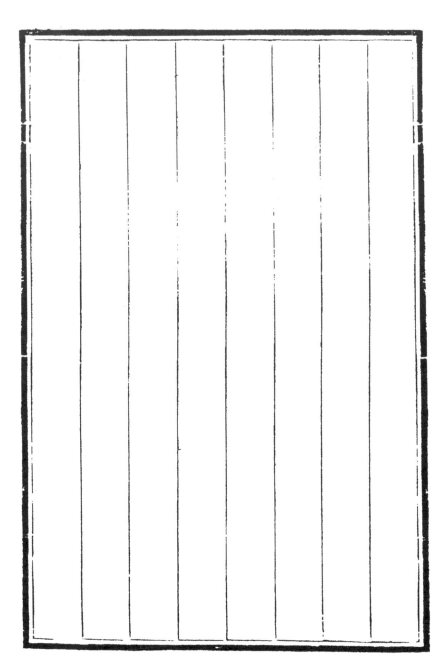

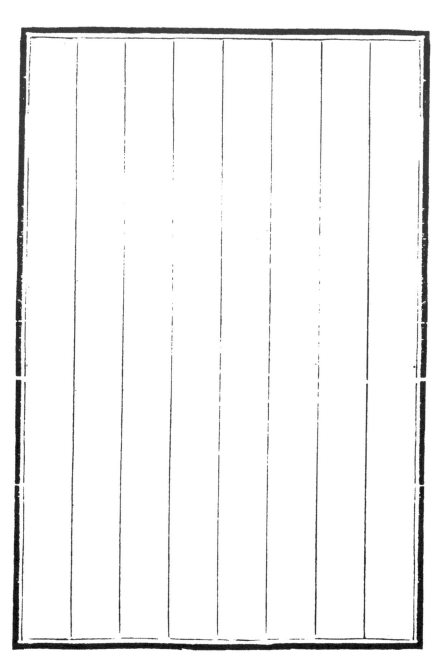

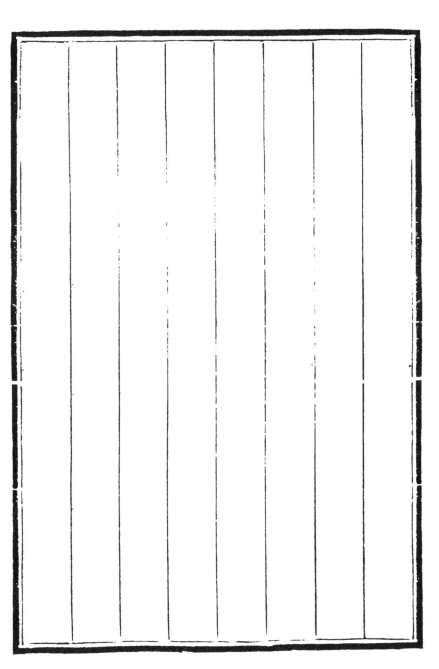

王兴逵

有一种"神"，名字就叫"浑沌"

总的来说，庄子在《应帝王》里告诉我们：一个可以成为自己主人的人，**做人做事应该有一种不主动的状态——不主动地迎接，不主动地送走，不起主观的分别心。**所以，在《应帝王》里，你会感受到庄子对主客观无分别的态度。最后，庄子用一个很奇怪的故事结束了《应帝王》。庄子老师想告诉我们一个什么故事呢？

南海之帝为儵，北海之帝为忽，中央之帝为浑沌。

意思就是，控制南边的主宰之神叫"儵"(shū)——你一读"儵"这个字，就仿佛听到嗖的一声，这个字表示很快，反应很敏捷；北边的神叫"忽"——忽然之间，也是很快的意思。

这两位很聪明、很敏捷的好朋友，经常去中间的地方玩儿。那里的神——"中央之帝"的名字叫作"浑沌"——他生活在翻江倒海之中，却依然保持着自己的拙朴之气。

广东有一种类似于北方饺子的食物——馄饨，四川人把这种食物叫"抄手"。馄饨有个特点，好的馄饨是你把它扔进水里的时候是什么样，煮熟后它还是什么样——皮很薄，但不像包子一样有许多褶。

曾经，有人说鼎泰丰的包子有十八个以上的褶，这样的说法代表此家的包子做得非常精细。馄饨不是这样，馄饨是拿面皮把肉塞进去一抓，就做好了。四川人做得更简单，抄一张皮把肉夼在里面，所以叫"抄手"。

总之，无论你如何煮馄饨也煮不烂，它还是混沌初开的样子。"民以食为天"，"馄饨"居然在《庄子》里也有相呼应的内容。当然，你也可以认为我牵强附会，也许那个浑沌的本意跟这个馄饨毫无关联。

　　但是，读《庄子》的时候，你愿意把它关联起来，它就有了关联。就像你老公本来跟单位的女同事没有关联，但你天天想着他们之间有关联，那么迟早都可以发生关联——世界是想象出来的。

窍开得越多，焦虑反而也越多

儵和忽——北方之地和南方之地的神，经常相遇于浑沌之地，到中间的地方来玩儿，而且浑沌把他们招待得很好——"浑沌待之甚善"。儵与忽都觉得浑沌太好了，觉得怎么着也要报答他一下——"谋报浑沌之德"。

他们认为人都有七个孔——鼻子、眼睛、嘴、耳朵。而浑沌没有，就想着给他凿出来——"人皆有七窍以视听食息，此独无有，尝试凿之"（浑沌身上没有孔，就像馄饨，你不能在馄饨上扎几个眼儿吧。如果你扎上眼儿，它就没法吃了；包子上面也不可能扎很多眼儿，更何况馄饨呢？有时候，此馄饨和彼浑沌，是可以混沌在一起讨论的）。结果，儵和忽就给浑沌开窍，一天凿出来一个窍，最后，窍开完了，浑沌就死了——"七日而浑沌死"。

本来，我们都是不明事理、浑浑噩噩的人。有人给我们开窍：你得买房啊，买了房以后，就赶上时代了；你得买股票啊，买了股票以后，你就能够抵抗通货膨胀了；你得让孩子去最好的学校留学呀，否则，阶层固化你就完了；你得买保险哪，不买保险，老了怎么办哪；你得创业或者上班呀，否则，就算饿不死，你也无所事事啊；你得结婚呀，都老大不小了以后可怎么找对象啊（本来挺好的一个女孩儿，被广大群众的压力所迫，非要去结婚不可）……

每一个"你得……"都是一个窍。每天有人给你开一个窍，你试试看，买完房子买股票，买完股票送孩子出国留学，然后让他们结婚生子……，如是把这些窍都开了以后，你就成为一个成功的社会人，但那个最开始让自己开心的"我"——自由、不做太多好坏分别的"我"，就消失了。

现代社会就像儵和忽一样，如此地充满能量；用很

有力量的方式，为我们每个人开着窍。事实上，你在每天的学习当中都在开窍，你会发现，窍开得越多，你的焦虑反而也越多。不是吗？

本来，我们都不需要努力地去睡觉，因为每个人出生以后，都知道该如何睡觉。现在，一个小小的关于睡觉的活动，竟然有很多人报名，看来已经有很多朋友睡不好觉了。

浑沌，是一种自我保护的方法

本来，我们可以在想笑的时候就笑，想哭的时候就哭。我们哭并没有伤到自己的内心，有哪个婴儿哭是因为真正伤心了呢？没有。甚至老子说："婴儿在啼哭的时候，连嗓子都不会哭哑。"为什么婴儿哭那么长时间，嗓子却不会哭哑呢？你难道不觉得这是一件很奇怪的事情吗？他们只是哭，不会因此而伤心，所以也不会因此而动气。

庄子在《应帝王》中说："如果你想要真正成为自己的主人，就要学会对事物的模糊、不确定、无逻辑保持一种真正意义上的共存。"

试举一例，各位女青年，如果有机会，请把你老公微信里的内容一条一条地翻开看。每看一条微信，你就会开一窍；越明白，你们的关系就 over 得越快。再比如，父母很担心孩子，万般呵护地把孩子养大。然而，孩子可能在初中的时候，就已经做了各种吓死你的尝试——抽烟、喝酒、谈恋爱，甚至飙车……

我小时候在攀枝花，有一次，跟着一帮孩子去江边玩儿。攀枝花的江叫"金沙江"，属于长江上游，水流湍急，而且那时是很冰冷的雪水。一开始，很多孩子以为在岸边玩一玩是没事的，但因为太冷且水流非常急，所以很多孩子在岸边玩的时候就被卷走了。

小时候，父母绝对不让我们自己这样下去玩儿。但其实呢，很多我们小学或中学的孩子就是要去玩儿。只不过父母不知道而已，所以他们没有被吓死——他们处于浑沌的状态。

其实，就像不知道老公到底怎么回事儿的老婆一样。反过来，如果老公钻进老婆的脑子里，真正知道他认为是黄脸阿姨的老婆，原来还有那么多春心荡漾的时候，他一定会大惊失色。

如果你知道每天你去光顾的大排档是怎么把食物做出来的，肯定要吐好几天了。但是，你不知道。所以，你觉得大排档的味道很好，即使把自己吃得满身肥油、满脸暗疮，你也不以为意，因为你不知道。

浑沌，是一种自我保护的方法。

很多东西，清清楚楚、明明白白的时候，是不好玩的

我们对父母就是这样，只告诉他们好的结果，从来不告诉他们自己正在经历多少困扰。还有很多夫妻虽然和父母住在一起，其实早就已经离婚了，但父母不知道，儿女也不知道。他们装模作样地坐在饭桌旁吃着饭，讨论着未来，就是为了不让父母担心，让孩子觉得自己还有一个完整的家。这些都是浑沌使然。**很多东西，清清楚楚、明明白白的时候，是不好玩的。**

许多后来股票涨得特别厉害的公司的员工，其实很早就把股票卖了，因为他们自己心里清楚这家公司有很

多问题。结果，卖完之后才发现股价仍然一飞冲天地涨。为什么他们拿不住这家公司的股票？就是因为他们开了窍，知道了中间的细节。

庄子用浑沌之死给《应帝王》做了总结——你一定要明白什么吗？你确信当自己明白以后，不会被自己的明白吓死吗？**如果你明白，其实你一直都只不过是很小心地一次又一次躲避种种危险而很偶然地活在世界上，难道不会因此感到深深的恐惧吗？**有一天，我坐飞机回来，刚下飞机，整个机场电闪雷鸣。我突然在想，我们得有多么幸运，才能够平稳地落地。

当我们每天都怀着真正的感恩，去面对我们一旦知道可能就会被吓死的，但我们还不知道的真相时，就会充满深深的幸运感。这种幸运感值得拥有，值得我们把它温暖地揣在怀里安然入睡。

无为而治的态度会把系统引向混乱、无序。

而生命是什么？

生命恰好是反无序状态。

第九章

世界是可控的吗？
你自己是可控的吗

命运可以靠我们的意志推动吗

我读《应帝王》时，感觉庄子对人生境界的要求是从"无为"达到"无不为"的。对于复杂的生态系统，庄子的政治态度是积极地、主动不干预地、有意识地让事情自然发生，以达到生态自我平衡的目的。

凯文·凯利有一本书叫《失控》(*Out of Control*)，谈的就是一个在互联网时代不可控的时空。曾经，我也以为这就是一种比较充满所谓智慧感的态度。但是，后来我发现，其实非也。因为当下很多互联网专家，已经清楚地看到互联网也出现了越来越强大的集中化、可控制的趋势。

基本上，整个地球的互联网被 Facebook、Google、Microsoft、Amazon、Netflix、Apple 等不到十家公司控制着。在中国，腾讯、阿里巴巴、百度以及另外几家各自站队的"今日头条"、微博等这些不超过十家的互联网公司，也都已经控制了中国大部分互联网。

所以，一个为了不受控制而产生的互联网演进的结果居然是集中化和可控制的。从理论上来说，互联网的早期是不可控的。但现在，这个世界上不超过五十个人坐在一起，基本上就可以控制地球上绝大部分网民看到的、听到的，甚至价值观和意识。**世界正在以越来越可控的方式进化。**我不知道凯文·凯利以前会如何描述这种反失控的状态。

在青春期早期，我们对自己是没有控制力的，无法控制自己爱上谁，无法控制自己想玩游戏的心，无法控制按时完成老师布置的作业，无法控制谁决定自己的趣味……。但是，随着自己的成长，我们会发现，其实我们可以控制的东西有很多。

读《庄子》常常会让我处于一会儿兴奋，一会儿决绝，一会儿失控，一会儿怀疑的矛盾状态。所以，我们要对《应帝王》做更广泛意义上的解读，不仅仅是其政治态度和主张，更是关于控制的讨论。

那么，世界是可控的吗？你自己是可控的吗？我常常问身边的朋友："你认为我们的命运可以受自己意志的推动吗？"其实这个问题没有一个所谓的标准答案。

有人说，小梁的《梁冬说庄子》是鸡汤文。这种观点其实是对鸡汤的不了解。**鸡汤是扶阳之物，是让你产生巨大内在能量和热的东西。所有鸡汤文都隐含着这样的态度——你值得拥有，你可以通过自己的努力，在最绝望的时候，仍然保持着对世界的希望**（你还可以有爱，还可以活得更好，还可以成功，命运还可以被自己控制……，这是毒鸡汤）。

事实上，越是坚定、笃定的说辞，越带有鸡汤的标签。从这一点来说，庄子是一位典型的反鸡汤人士。《应帝王》通篇都在表述一种意思——世界不可控，努力没意义。所有通过知识以及智慧的累加和意志力的顽强，想要达成的目的，终将化为灰烬，终将没有意义。

　　读《应帝王》这件事情确实很让我们烦恼。我和老吴在《冬吴同学会》里讨论过的一个问题就是"意志"。他引述了一本西方学者所著的《意志力》，书中根据大量数据和讨论，说明一个人如果意志力顽强的话，就更容易获得成功。

　　如果一个人智商很高，但意志力很薄弱的话，就像一辆汽车只有一个轮子——轮子代表智商。如果没有意志力的话，汽车就会原地画圈——没有意志力这个"一"，再高的智商、再多的资源和财富都是零。对于这样的态度，小梁在老吴面前瞬间觉得，意志力绝对是很有必要具备的。

如果世界无法控制，
我们应该随遇而安还是挑战命运

以前，教育的本质是释放一个人的天性，让受教育的人没有负担，在爱和快乐中自由成长。但最近几年，人们的自我天性被过度放任，越来越多的教育学者认为，**其实对一个人意志力的打造，对一个系统有意识的控制，是令世界保持有序的必要条件**。换句话来说，无为而治的态度会把系统引向混乱、无序。而生命是什么？生命恰好是反无序状态。

在物理学里面，无序的过程叫"熵"，就是任何事物在不受控制的情况下，会走向无序和散漫的状态。而生

命是一个反"熵"的过程，所有生命，其实就是要对抗无序。所以，如果我们不能用意志力（哪怕其曾经在历史上被贴上某种标签）来控制的话，仍然会导致系统的崩溃与瓦解。

世界上可能存在着另一股力量，在帮助人们减少无序混乱，甚至重新把无序建为有序，这就叫"控制"。而对控制的执着，就是意志力。如果你认为世界是无法控制的，你的生活是无法控制的，那么你应该随遇而安呢，还是你认为世界即使有种种不确定，只要自己意志坚定、始终如一，还是能够改天换日？这是一个有趣的问题。

我们曾经做了一个简单的调查。有两个答案：A——我选择改变世界，通过自己的努力，让世界变得更美好、更有序；B——我选择改变自己的世界观，让我的世界观和混乱的世界相匹配。

百分之九十二的同学选择了改变自己的世界观，他们相信世界是无法控制的。只有百分之八的同学认为可以通过自己的努力，改变世界。

　　整个问题差不多有九百位同学参与了答复。前一百位同学的比例就已经是九十二比八了。令人感到奇怪的事情是，到第九百位同学的时候，比例几乎没有改变。但如果把这个问题放在另外一个媒介的公众号里面，也许会有更多人选择改变世界。这件事情真是太有趣了，我无法判断孰对孰错。

世界只不过是一道选择题

庄子是一位生活在指鹿为马时代的人，在那样一个个人生命非常卑微，权利意识很薄弱的时代，如果你没有养成黑就是白，白就是黑，鹿就是马，马就是鹿的心智模式，那你一定死得很惨。从某种程度上来说，《庄子》的哲学表达的是一种在指鹿为马的时代对心灵扭曲的救赎之道。

《人类简史》中一个很有趣的核心观点是——人类之所以成为人类，是因为人类开始意识到，那些不可控的东西原来是可控的。起码当你相信可以通过自己的努力，把更多不可控变为可控的时候，你才会去作出努力，

才会不断地突破边界。

以前，不用说你要了解一个人的所有思想和行为，就连预测其下一步行为都是不可能的。现在，你却发现，一些人坚信自己可以做某些事情，他们做了大量行为数据分析研究，通过科学技术的不断推动，开始做到更大程度上的控制。

《人类简史》的作者认为，许多人类文明都曾经相信，人只不过是所有大自然当中一类很平凡的物种。而小部分人却用他们的努力，改变了其他人这样的印象。埃隆·马斯克认为，人类可以移民火星。他居然以商业的力量，以一己之力，把发射火箭这件事情变得越来越靠谱；把一百万人移民到火星上，似乎将要变成可能。

当人类发展到这个阶段的时候，我真的很想跟庄子进行一场讨论。霍金曾经说，他特别想和年轻时的梦露来一段对话。作为大科学家，他在理论上推导出了一种可能性——人有可能穿越时间和空间，在平行宇宙当中与不同的人交流。

所以,《应帝王》引发出我们对"控制"的态度。我要很明确地向大家分享我的态度——我对任何世界观都不抱有单一的肯定或否定的态度。

你认为世界是可控的吗?你会为控制自己的行为做出努力吗?这只是一道选择题。庄子选择的答案不一定是你选择的答案,你选择的答案也不一定符合你人生的趣味。

每当我想到,原来世界只不过是一道选择题的时候,我就释然了。面对选择题,我们有四种选择的方法——选择 A,选择 B,选择 A、B,或者选择"不选择"。

《庄子·内篇·应帝王》

　　啮缺问于王倪，四问而四不知。啮缺因跃而大喜，行以告蒲衣子。蒲衣子曰："而乃今知之乎？有虞氏不及泰氏。有虞氏其犹藏仁以要人，亦得人矣，而未始出于非人。泰氏其卧徐徐，其觉于于。一以己为马，一以己为牛。其知情信，其德甚真，而未始入于非人。"

　　肩吾见狂接舆。狂接舆曰："日中始何以语女？"

　　肩吾曰："告我，君人者以己出经式义度，人孰敢不听而化诸！"

　　狂接舆曰："是欺德也。其于治天下也，犹涉海凿河，而使蚊负山也。夫圣人之治也，治外乎？正而后行，确乎能其事者而已矣。且鸟高飞以避矰弋（zēng yì）之害，鼷（xī）鼠深穴乎神丘之下以避熏凿之患，而曾二虫之无知？"

天根游于殷阳，至蓼（liǎo）水之上，适遭无名人而问焉，曰："请问为天下。"

无名人曰："去！汝鄙人也，何问之不豫也！予方将与造物者为人，厌则又乘夫莽眇之鸟，以出六极之外，而游无何有之乡，以处圹埌（kuàng làng）之野。汝又何帛（yì）以治天下感予之心为？"

又复问，无名人曰："汝游心于淡，合气于漠，顺物自然而无容私焉，而天下治矣。"

阳子居见老聃，曰："有人于此，向疾强梁，物彻疏明，学道不倦，如是者，可比明王乎？"

老聃曰："是于圣人也，胥易技系，劳形怵心者也。且也虎豹之文来田，猨狙之便、执嫠（lí）之狗来藉。如是者，可比明王乎？"

阳子居蹴（cù）然曰："敢问明王之治。"

老聃曰："明王之治：功盖天下而似不自己，化贷万物而民弗恃；有莫举名，使物自喜；立乎不测，而游于无有者也。"

郑有神巫曰季咸，知人之死生、存亡、祸福、寿夭，期以岁月旬日，若神。郑人见之，皆弃而走。列子见之而心醉，归，以告壶子，曰："始吾以夫子之道为至矣，则又有至焉者矣。"

壶子曰："吾与汝既其文，未既其实。而固得道与？众雌而无雄，而又奚卵焉！而以道与世亢，必信，夫故使人得而相汝。尝试与来，以予示之。"

明日，列子与之见壶子。出，而谓列子曰："嘻！子之先生死矣！弗活矣！不以旬数矣！吾见怪焉，见湿灰焉。"

列子入，泣涕沾襟以告壶子。壶子曰："乡吾示之以地文，萌乎不震不止，是殆见吾杜德机也。尝又与来。"

明日，又与之见壶子。出，而谓列子曰："幸矣！子之先生遇我也，有瘳（chōu）矣！全然有生矣！吾见其杜权矣！"

列子入，以告壶子。壶子曰："乡吾示之以天壤，名实不入，而机发于踵。是殆见吾善者机也。尝又与来。"

明日，又与之见壶子。出，而谓列子曰："子之先生不齐，吾无得而相焉。试齐，且复相之。"

列子入，以告壶子。壶子曰："吾乡示之以太冲莫胜，是殆见吾衡气机也。鲵（ní）桓之审为渊，止水之审为渊，流水之审为渊。渊有九名，此处三焉。尝又与来。"

明日，又与之见壶子。立未定，自失而走。壶子曰："追之！"列子追之不及。反，以报壶子曰："已灭矣，已失矣，吾弗及已。"

壶子曰："乡吾示之以未始出吾宗。吾与之虚而委蛇（yí），不知其谁何，因以为弟靡，因以为波流，故逃也。"

然后列子自以为未始学而归。三年不出，为其妻爨（cuàn），食（sì）豕如食人，于事无与亲。雕琢复朴，块然独以其形立。纷而封哉，一以是终。

无为名尸，无为谋府，无为事任，无为知主。体尽无穷，而游无朕。尽其所受乎天而无见得，亦虚而已！至人之用心若镜，不将不迎，应而不藏，故能胜物而不伤。

南海之帝为儵（shū），北海之帝为忽，中央之帝为浑沌。儵与忽时相与遇于浑沌之地，浑沌待之甚善。儵与忽谋报浑沌之德，曰："人皆有七窍以视听食息，此独无有，尝试凿之。"日凿一窍，七日而浑沌死。

梁冬

正安康健创始人、正安自在睡觉创始人、冬吴文化创始人。

师承国医大师邓铁涛先生、中医大家李可先生，同时也是中医大师郭生白先生的入室弟子。

《生命·觉者》系列纪录片出品人及访谈人。电台节目《冬吴相对论》《梁注庄子》《睡睡平安》，电视节目《国学堂》出品人及主讲人。

出版图书《梁冬说庄子》系列、《处处见生机》、《唐太宗的枕边书——梁言群书治要》、《欢喜》、《无畏》、《黄帝内经》系列、《相信中国》等。

感谢喜马拉雅建军、小雨、兴仁团队对本书的大力支持

感谢夏、志、思同学对本书的倾情付出

图书在版编目（CIP）数据

梁冬说庄子·应帝王 / 梁冬著. – 广州 : 广东人
民出版社, 2018.11
　　ISBN 978-7-218-13214-3

　　Ⅰ.①梁…　　Ⅱ.①梁…　　Ⅲ.①道家②《庄子》–研究
Ⅳ.①B223.55

　　中国版本图书馆CIP数据核字(2018)第236757号

LIANG DONG SHUO ZHUANG ZI　YING DI WANG

梁 冬 说 庄 子 · 应 帝 王

梁冬 著

出 版 人：肖风华

责任编辑：严耀峰　李辉华
特约编辑：马　松　车　璐　谭希彤
装帧设计：紫图图书 ZITO®
责任技编：周　杰　易志华
出版发行：广东人民出版社
地　　址：广州市大沙头四马路10号（邮政编码：510102）
电　　话：(020)83798714(总编室)
传　　真：(020)83780199
网　　址：http://www.gdpph.com
印　　刷：北京中科印刷有限公司
开　　本：880mm×1230mm　1/32
印　　张：5.75　　　　　字　　数：100千
版　　次：2018年11月第1版　　2018年11月第1次印刷
定　　价：49.90元

如发现印装质量问题，影响阅读，请与出版社(020-83795749)联系调换。
售书热线：020-83795240